AF403929

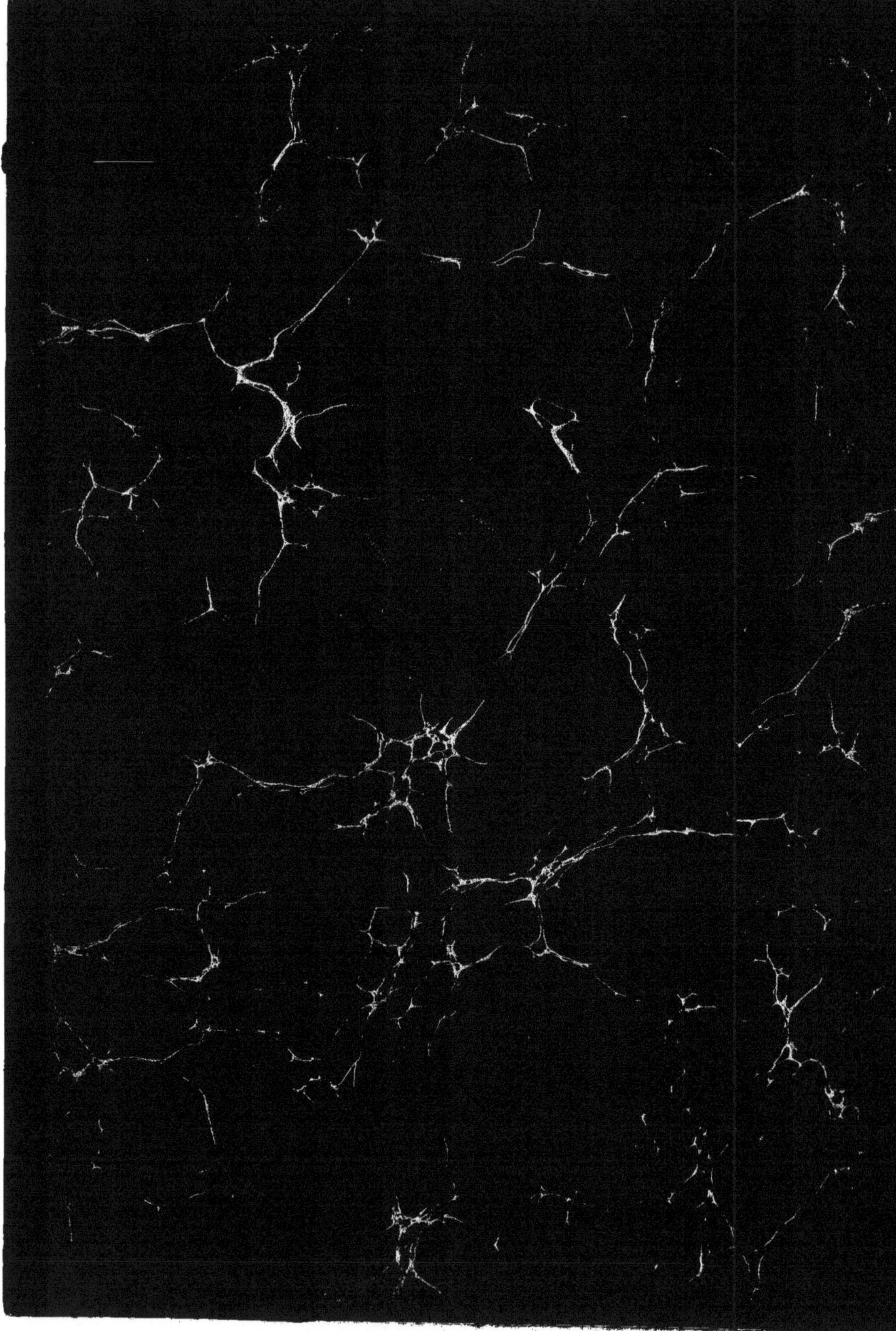

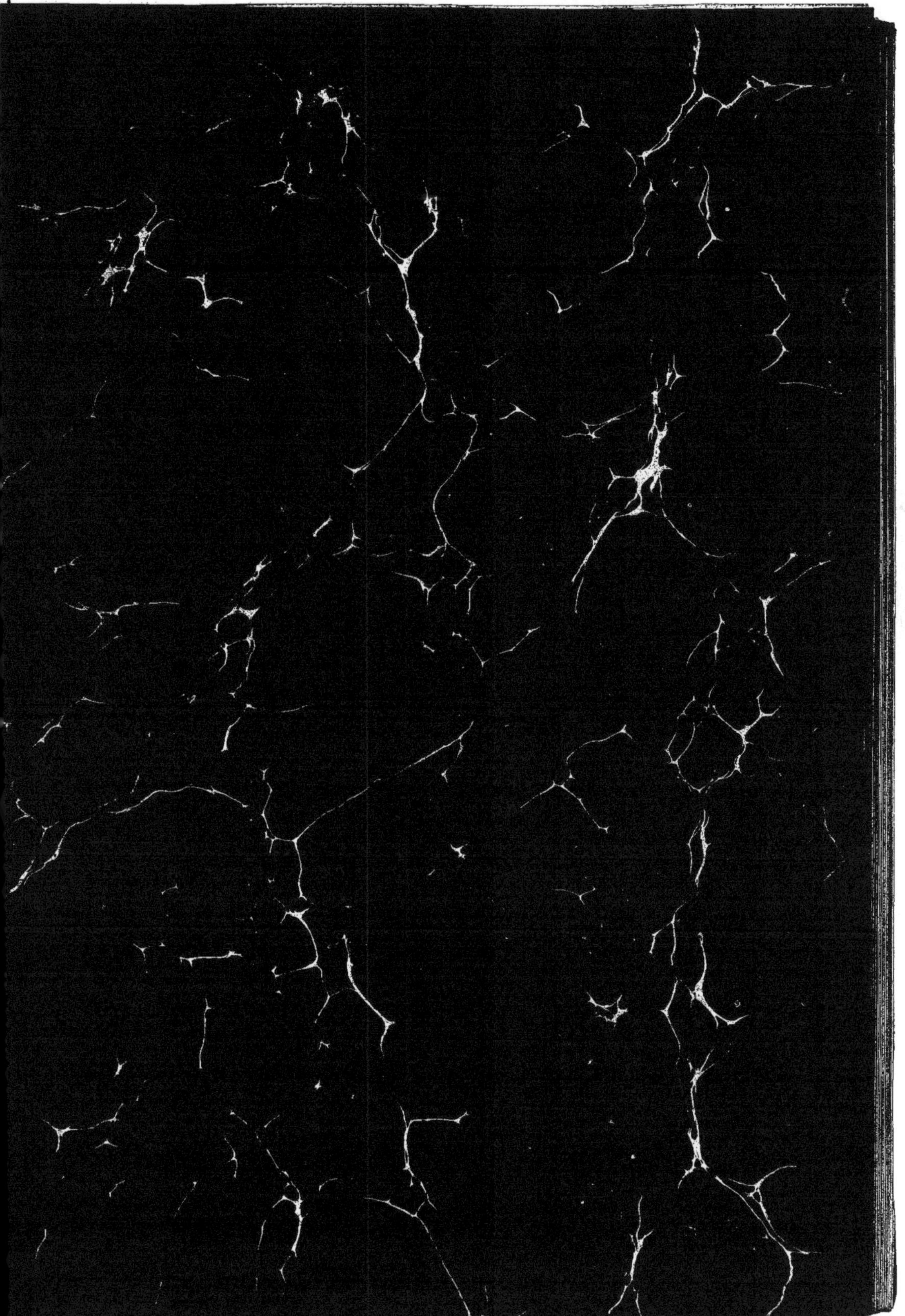

# LES COLLECTIONS

## CÉLÈBRES

# D'OEUVRES D'ART

2

# LES COLLECTIONS

## CÉLÈBRES

# D'OEUVRES D'ART

*DESSINÉES ET GRAVÉES D'APRÈS LES ORIGINAUX*

PAR

# ÉDOUARD LIÈVRE

## TEXTES HISTORIQUES ET DESCRIPTIFS PAR MM.

F. DE SAULCY, membre de l'Académie des Inscriptions et Belles-Lettres, sénateur.

ADRIEN DE LONGPÉRIER, membre de l'Institut, conservateur des antiques et de la sculpture moderne des Musées impériaux.

A. W. FRANKS, directeur de la Société des Antiquaires de Londres.

Cte MELCHIOR DE VOGUE, membre de la Société des Antiquaires de France.

A. SAUZAY, conservateur adjoint du Musée des Souverains et des objets d'art du Moyen Age et de la Renaissance.

RIOCREUX, conservateur du Musée céramique de la manufacture impériale de Sèvres.

Cte CLÉMENT DE RIS, attaché à la conservation des Musées impériaux.

ÉDOUARD DE BEAUMONT.

PAUL MANTZ, rédacteur à la *Gazette des Beaux-Arts*.

A. JACQUEMART, rédacteur à la *Gazette des Beaux-Arts*.

ERNEST CHESNEAU, rédacteur au Musée impérial du Louvre.

E. DU SOMMERARD, directeur du Musée des Thermes et de l'hôtel de Cluny.

O. PENGUILLY-L'HARIDON, officier supérieur d'artillerie, directeur du Musée d'artillerie.

HENRY COLE, C. B., général superintendant at South Kensington Museum.

BARBET DE JOUY, conservateur du Musée des Souverains et des objets d'art du Moyen Age et de la Renaissance.

Bon J. DE WITTE, membre de l'Institut.

ADALBERT DE BEAUMONT.

AMBROISE FIRMIN DIDOT.

ALFRED DARCEL, attaché à la conservation du Musée des Souverains et des objets d'art du Moyen Age et de la Renaissance, membre du Comité archéologique.

ÉDOUARD FOURNIER.

A. TAINTURIER, archéologue.

PH. BURTY, rédacteur à la *Gazette des Beaux-Arts*.

# PARIS

### GOUPIL & Cie, ÉDITEURS

LONDRES — BERLIN — LA HAYE — BRUXELLES — NEW-YORK

M DCCC LXIX

# ÉPÉE ÉMAILLÉE

Hauteur de la poignée........ o<sup>m</sup>,16

*( Collection de S. M. L'EMPEREUR. )*

ETTE épée, peut-être unique, est l'une des plus précieuses du cabinet d'armes de l'Empereur. Elle provient de la collection du prince Soltykoff, & antérieurement de celle de M. Debruges, qui l'avait fait acheter à Rome en 1835, au prix de 2,500 fr. : elle n'est pas italienne, & peut être attribuée à quelque artiste français ou flamand de la fin du seizième siècle.

Suivant certaines opinions, elle vient, originairement de Belgique & aurait appartenu à un prince de la maison d'Orange.

Elle date environ du règne de Henri III, de 1574 à 1589. C'est ce que l'on nommait une *épée de ville*. *L'épée d'armes* n'avait pas de branche fermée, afin que la main, dans son gantelet, pût facilement en saisir la fusée. Le *pommeau* est de forme tronconique, à bases arrondies. La *branche* rejoint le pommeau sans y être intimement fixée. Elle se divise & forme, par son épanouissement, d'un côté la *grande garde*, de l'autre les tiges de la contre-garde. L'écusson n'est pas accusé par un relief et s'avance en bec sur le talon de la lame. Les quillons, assez longs suivant la mode du temps, se renflent à leurs extrémités.

Les *gardes* au nombre de trois, la *petite* dans un plan perpendiculaire à l'axe de la lame, les deux autres s'inclinant vers la fusée à quatre faces, forment le berceau qui caractérise les épées de la fin du seizième siècle.

Ces formes rentrent dans les types ordinaires de cette époque. Mais ce qui fait l'originalité de cette épée & la place au nombre des pièces d'armes les plus rares & les plus curieuses, est le remarquable travail d'émaillerie qui la décore entièrement, travail d'une pureté & d'une authenticité parfaites.

La décoration du pommeau consiste en deux figurines de Mars & de Bellone, placées de chaque côté & reliées par des enroulements & des rinceaux qui se rencontrent fréquemment dans l'art de cette époque. Les mêmes ornements couvrent la branche, les gardes & les quillons. L'écusson porte une petite figure couronnée, à ailes déployées, dont le torse est engagé dans l'ornement. La *contre-garde*, à trois tiges, dérive, comme nous l'avons dit, de la *branche*. Les pas-d'âne offrent de grandes dimensions. L'émaillerie de la fusée diffère des autres parties de la poignée.

Les émaux de cette poignée appartiennent aux émaux dits de *basse taille*, qui ont fourni les pièces les plus riches & les plus belles de l'art de l'émailleur.

On a dessiné d'abord sur le fer, à la pointe légère ou au burin, avec une grande précision & dans tous ses détails, la composition à laquelle l'artiste s'était arrêté. Ce premier travail fait, les parties circonscrites par le dessin & destinées à recevoir l'émail ont été taillées en creux, puis ces creux, revêtus de petites cuvettes d'or ajustées avec solidité & précision. Les cuvettes, gravées à la pointe ou au burin, reçoivent la poudre d'émail. On obtient ainsi ces émaux translucides qui laissent deviner le travail de gravure du fond des cuvettes & produisent en même temps ces effets remarquables de coloration qu'on admire dans les belles pièces de cet art merveilleux.

La rareté, dans la pièce qui nous occupe, est de rencontrer ce genre d'émail sur du fer. La fusée, taillée à quatre pans, est traitée par un tout autre système. C'est l'émail ordinaire *des orfévres*. L'ornement, taillé en saillie au lieu d'être en creux, reçoit l'émail des bijoux suivant le procédé connu.

Il est ingénieux, du reste, d'avoir varié les émaux sur cette pièce précieuse & d'en avoir ainsi augmenté la valeur artistique.

L'épée est accompagnée de la dague, dont la fusée a été habilement refaite, & de ses pendants, dont les ferrures sont complètes & pures, à émaux translucides & du même travail que le pommeau.

Le cabinet d'armes de S. M. l'Empereur est actuellement établi au château de Pierrefonds & sera prochainement ouvert au public.

PENGUILLY-L'HARIDON.

Imp. Delâtre, Paris.

# CADRE DE MIROIR

## TRAVAIL DU XVIᵉ SIÈCLE

Hauteur de l'original...... oᵐ,20
Largeur................. oᵐ,17

*( Collection de M. le baron Adolphe de Rothschild. )*

E cadre de miroir que nous reproduisons fait partie des trésors d'art réunis par M. le baron Adolphe de Rothschild au château de Prégny, sur les bords du lac de Genève. Plus heureuse que bien des musées, cette collection est magnifiquement installée au milieu d'un paysage auquel les cimes neigeuses du Mont-Blanc font un horizon splendide. La fête est donc complète à Prégny, & ceux qui ont visité cette résidence ont pu se convaincre que les chefs-d'œuvre de l'art ne perdent rien à être étudiés en face des grands spectacles de la nature.

Nous détachons aujourd'hui de la riche collection de M. le baron Adolphe de Rothschild une pièce qui a son intérêt dans l'histoire de la sculpture en bois. C'est un cadre de miroir, qu'on peut dater de la fin du seizième siècle, & qui paraît trahir une origine flamande. Un ovale enchâssé dans un rectangle sert de monture à la glace. Dans l'espace compris entre ces deux cadres sont les attributs des quatre saisons : un vase plein de fleurs printanières, une gerbe mûrie par le soleil de juillet, un panier d'où s'échappent les fruits savoureux de l'automne, un brasier où flamboie gaiement le feu d'hiver.

Dans l'ornement découpé qui entoure le miroir, trois cartouches symbolisent les divers âges de l'homme. A gauche se groupent des enfants qui jouent & qui, chancelants encore, s'étudient à former leurs premiers

pas; au-dessus, c'est l'âge mûr : un père & une mère, assis à une table
frugale, donnent à leur fils le pain quotidien. A droite, un vieillard,
appesanti par les années, reçoit d'une femme complaisante la nourriture
que ses mains paralysées ne lui permettraient pas de prendre lui-même.
Au bas du cadre, un crâne au rictus funèbre résume la leçon & marque,
pour chacun & pour tous, la fin du voyage : car ce miroir, c'est, ainsi que
le dit l'inscription qui en décore la base, le miroir de la vie humaine,
*Humanæ vitæ speculum.*

Ce précieux morceau a fait partie de la collection de M. Hope, vendue
à Paris en 1855.

Par le caractère de l'ornement, par l'habileté avec laquelle le bois est
travaillé, par le choix des sujets qui le décorent & dont le symbolisme
fait penser aux *emblèmes* qu'Otto Venius venait de mettre à la mode, ce
miroir se rattache, croyons-nous, à l'école flamande. Si un sourire était
permis en une matière aussi grave, nous dirions que cette origine est
attestée par un autre détail. Sur trois des cartouches qui symbolisent les
différents âges, il en est deux où l'on voit des gens attablés : le charitable
artiste qui a pensé que son image de la vie serait incomplète s'il ne
donnait pas quelque chose à manger à ses héros, n'est-ce pas un artiste des
Flandres?

PAUL MANTZ.

Collon de Mr le Baron A. de Rothschild.

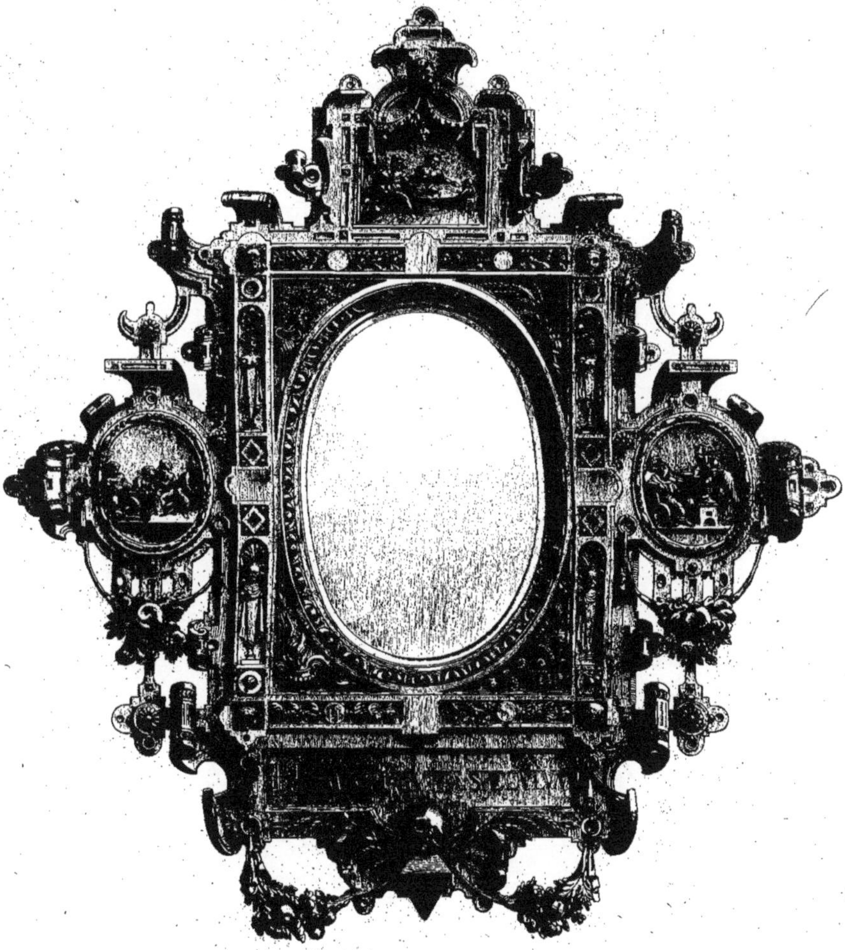

Imp. Delâtre, Paris

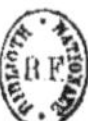

# BOURGUIGNOTTE

## XVI<sup>e</sup> SIÈCLE

Hauteur...................... 0<sup>m</sup>,31
Largeur...................... 0<sup>m</sup>,24

*(Collection de M. le Marquis de Colbert.)*

'ÉLÉGANT ensemble forgé de ce casque est orné sur les faces latérales de sujets à figures & de mascarons repoussés & ciselés de main de maître.

Les deux motifs principaux qui décorent en bas-relief du plus beau style chaque côté du timbre, représentent le combat des Centaures & des Lapithes.

La partie formant la crête de cette bourguignotte est méplate & suivie en profil & en douce saillie, dans toute sa longueur, par un ornement à l'antique en façon de postes alternées avec des palmettes.

Une tête de Méduse, dont la coiffure est formée d'ailes & de serpents, se répète sur les oreillettes, qu'une bande cloutée, gravée de fines arabesques, & une torsade faisant rebord, cernent ainsi que l'avant-toit & le garde-nuque.

Ce beau casque est doré *d'or de feuille* en plein, sauf les postes & palmettes de la crête & les bandes plates qui encadrent les médaillons & qui s'enlèvent en couleur d'acier bleu sur la dorure qui leur sert de fond.

La coutume pour les chefs de guerre & enfin même pour les soldats de porter des armes dorées remonte à l'antiquité & semble venir d'Orient. Les Grecs d'abord propagèrent ce luxe militaire, qui durant le moyen âge s'étendit peu à peu vers le nord de l'Europe sous l'influence sarrasine, moresque ou vénitienne, transmise par l'Espagne & par l'Italie (1).

Saint Louis, raconte Joinville, portait à la journée de Mansoura un heaume tout doré. Brantôme cite une revue où il y eut de son temps « dix mille morions gravés & dorés » — « & si n'étoient, ajoute-t-il, alors si communs comme depuis. »

Le prix de la dorure d'un casque, dorure qui se faisait « *d'or de feuille* » ou « d'or moulu, » s'évaluait à Paris, vers 1570, à trois ou quatre écus environ ; parfois les armes étaient dorées deux ou trois fois avec de l'or à lange (2).

ÉDOUARD DE BEAUMONT.

(1) C'étoient moult belles gens à regarder, car le Soudan portoit des armes d'or sur lesquelles le soleil frappoit & qu'il faisoit resplendir (JOINVILLE).

(2) Pour la richesse des armes voir *Commentaries of Sir Francis Vere*, p. 174, & Stubbs, *Anatomy of Abuses*.

Imp. Lemercier, Paris.

# RELIURE

TRAVAIL FRANÇAIS DU XVI<sup>e</sup> SIÈCLE

Hauteur de l'original... 0<sup>m</sup>,31

Largeur............... 0<sup>m</sup>,21

( *Collection de M. Dutuit.* )

l en est, pour la magnifique reliure reproduite ici, comme pour le plus grand nombre de celles du même temps : on ignore de quelle main d'artiste elle est sortie. On ne sait même pas, ce qui est connu pour tant d'autres, à qui appartint d'abord le volume dont elle est le splendide vêtement.

On serait tenté de penser, à voir la délicatesse du travail & sa riche variété d'ornementation, qu'il fut commandé & dirigé par Grolier pour son admirable bibliothèque. Malheureusement on doit s'arrêter dans cette hypothèse, lorsque après avoir bien examiné le volume, au dedans & au dehors, on s'est assuré qu'il ne s'y trouve aucune des marques, nom, devises, & parfois même signature autographe à l'intérieur, que Grolier laissait sur les siens, & qui leur constituent, on le sait, les plus beaux titres de noblesse en *bibliophilie*.

S'il y manque la signature & la devise du grand amateur lyonnais, je dirai hardiment qu'elles y pourraient être, tant ce volume est de tout point digne d'avoir été à lui. M. E. Dutuit, qui le possède dans sa belle collection, à Rouen, le place au même rang, pour l'élégante richesse, que les trois Grolier authentiques dont il est si fier : les *Adagia* d'Érasme, in-folio avec reliure en maroquin, bleue, à riche compartiment, portant nom, titre & devise, qu'il paya 1,720 francs à la vente Renouard en 1854; les *Epistolæ* de Pline le Jeune, merveilleux in-8° portant aussi nom, devise & titre sur sa reliure de maroquin vert à filet, payé 825 francs en 1854; & le *Vida* in-4°, illustré des mêmes marques sur sa reliure de maroquin noir, à compartiments, qui fut acheté 2,210 francs, il y a deux ans, à la vente Radziwill.

Ces trois volumes, comme la plupart des livres latins qui appartinrent à Grolier, sont d'édition aldine. La reliure seule est française, car c'est un fait aujourd'hui accepté que le trésorier de France faisait relier chez lui soit à Lyon, soit à Paris, par des ouvriers à son service, les livres que ses amis les Aldes lui avaient envoyés de Venise.

Le volume dont nous parlons est, lui, complétement français de forme & de fond. Il contient des dessins au lavis de bistre noir, représentant des détails d'architecture. On croit qu'ils peuvent être de Du Cerceau, & rien ne répugne à l'attribution. La main d'artiste qui travailla pour le dehors vaut celle qui travailla au dedans.

Il ne faut que regarder la disposition de cette reliure pour juger de sa richesse; la variété des couleurs y ajoute encore; elle en fait une mosaïque du meilleur goût : sur le *plat* en veau fauve se détache le cartouche du milieu, entouré d'*entrelacs* rouges & verts, s'agençant avec des feuillages jaunes, blancs & roses, épanouis sur le fond ponctué de bleu. Cette même couleur domine, doublé de jaune dans les deux cartouches inférieur & supérieur. Le milieu en est cerclé de rose intérieurement; le centre est ponctué comme celui du grand cartouche. Tout cet ensemble s'étale dans un premier cadre formé de deux bandes longeant le bord, l'une verte, l'autre rose, & plus étroite; puis dans un second cadre, plus central & plus contourné, dont les enroulements en cuir blanc se détachent sur le reste, comme des incrustations d'ivoire.

Je connais peu de livres aussi splendidement parés & qui soient mieux un véritable objet d'art, un vrai chef-d'œuvre d'élégance.

ÉDOUARD FOURNIER

# PLATEAU D'URBINO

## XVI<sup>e</sup> SIÈCLE

Hauteur...................... 0<sup>m</sup>,531
Largeur...................... 0<sup>m</sup>,66

*( Collection de M. le baron James de Rothschild.)*

L'ANCIEN décor des faïences d'Urbino la seconde moitié du seizième siècle en vit substituer un autre. Emprunté, comme le premier, aux éléments décoratifs que l'antiquité avait laissés, il s'en distingue de deux façons. D'abord il s'inspire davantage des vastes décorations peintes aux voûtes des anciens palais romains, puis il se détache en couleur sur un fond blanc.

Dans le décor des commencements du seizième siècle, au contraire, l'ornementation, formée d'éléments pressés & touffus, s'enlève généralement en clair sur un fond coloré, comme sur les plats de Chaffagiolo déjà publiés (1). Puis, malgré le grand goût qu'on y remarque, elle n'a ni cette légèreté ni cette abondance que Perino del Vaga & Jean d'Udine ont montrées dans leurs compositions semées de camaïeux qu'accostent des sphinx jaloux. C'est probablement après que le duc Gui d'Ubaldo II eut appelé à Urbino & à Pesaro, pour y décorer ses palais, Raphaël del Colle, Battista Franco & Federigo Zucchero, vers l'année 1540, que ce décor apparut.

Les Patanazzi, qui closent la série des artistes remarquables que possédèrent les ateliers d'Urbino au seizième siècle, décorèrent surtout de leurs peintures les plats enrichis de grotesques sur fond blanc, & c'est à Alfonso Patanazzi que nous croyons devoir attribuer, sinon tout le

_______
(1) 1 vol. Pl. 33.

décor du plateau que possède M. le baron James de Rothschild, du moins la scène qui en occupe le centre. Mais le mérite principal réside surtout dans les ornements qui encadrent le sujet, & qui sont distribués dans quatre compartiments circonscrits par des moulures saillantes partant du marly pour entourer de leurs enroulements l'ombilic où est peint ce sujet. Des masques grimaçants & des têtes de femmes drapées séparent ces moulures d'un ton vigoureux & occupent le champ qu'elles laissent libre entre leurs courbes.

Dans chaque compartiment, comme sur le bord, des grotesques — sphinx, masques, oiseaux... — sont groupés sur de légers rinceaux de feuillages & combinés avec des draperies autour de camaïeux qui généralement sont dessinés en clair sur un fond sombre, tandis que les ornements qui les accompagnent se détachent en couleur sur fond blanc.

Tout cela, prestement enlevé à la pointe du pinceau, est glacé de quelques couleurs où les tons jaunes & roux dominent, & forme un harmonieux ensemble qui possède ce grand mérite de n'être qu'un décor & d'être subordonné à la forme de la faïence qui sert d'excipient.

ALFRED DARCEL.

PLAT D'URBINO. XVII.e SIÈCLE.
Collection de M.r le Baron J. de Rothschild.

# PORTRAIT

DE

# MARGUERITE DE FRANCE

FILLE DE FRANÇOIS I<sup>er</sup>

ET FEMME DE PHILIBERT—EMMANUEL, DUC DE SAVOIE

ÉMAIL DE JEHAN DE COURT

Hauteur de l'original..... 0<sup>m</sup>,20

Largeur................. 0<sup>m</sup>,15

*(Collection de M. le comte de Nieuwerkerke.)*

RANÇOIS I<sup>er</sup> eut la fantaisie de se faire représenter en Mars & même en apôtre, aussi n'y a-t-il rien d'étonnant à ce que l'on ait peint en Minerve Marguerite de France, sa fille. C'était rendre hommage à l'antiquité, qui revivait alors dans les arts & les esprits, & souvent même dans les mœurs. D'ailleurs, que pouvait-on faire de mieux pour la princesse qui devait être auprès d'Emmanuel-Philibert la rançon des villes conquises sur la France par les Espagnols & le duc de Savoie?

Minerve a déposé son casque, mais encore armée de la lance & s'appuyant sur son bouclier où grimace la tête de Gorgone; prête à la guerre, elle va présider aux travaux de la paix que symbolisent un globe & des livres.

Ce portrait héroïque, exécuté en émail, dans la manière de Léonard Limosin, est l'œuvre de l'un des meilleurs élèves du maître. Il est ainsi signé au revers :

IEHAN DE COVRT
MA FAICT
1555

Les accessoires & les draperies sont traités à la façon ordinaire des grisailles colorées. Le trait & un premier modelé sommaire en hachures ont été exécutés par enlevage à travers une couche d'émail blanc. Celui-ci a été recouvert d'émaux translucides, bleus sur le manteau, violets sur la robe, turquoises sur le casque & le globe, jaspés de jaune, de vert & de pourpre sur le sol, & verts sur la draperie qui cache en partie le fond, lequel est resté noir. Par un procédé habituel à l'atelier de Léonard Limosin, & dont Jehan de Court s'est servi avec habileté, un nuage d'émail blanc a été déposé au milieu des sombres transparences de l'émail violet de la robe, afin d'y accentuer les lumières, tandis que ce sont des rehauts d'or qui remplissent cet office sur le bleu du manteau.

Tandis que tous les accessoires de ce portrait héroïque sont traités à la manière ordinaire des grisailles d'ornement, le visage & les mains sont exécutés par le procédé plus précis du modelé par hachures de bistre roux sur une préparation d'émail blanc.

Ce portrait, précieux par son exécution, plus précieux peut-être pour l'histoire de l'émaillerie par la signature qu'il porte, & la seule que nous connaissions jusqu'ici, est encadré dans une merveilleuse bordure en bois sculpté, de fabrication italienne.

Les motifs ordinaires de l'architecture classique en règlent les dispositions générales, mais le caprice de la renaissance y a brodé des thèmes variés, que la main souple de l'ouvrier a exécutés d'un outil docile & ferme à la fois.

A travers toutes les délicatesses du dessin, l'acier seul a laissé son empreinte sur le bois, dont la nature fibreuse demande en effet une certaine largeur d'exécution. Le ciseau & la gouge ont modelé du premier coup la feuille des chapiteaux & des volutes, ainsi que la tige des rinceaux, sans que la lime & ses suppléants aient amolli le travail en estompant les arêtes, ce qui eût enlevé à l'œuvre tout accent.

ALFRED DARCEL.

MARGVERITE DE FRANCE FILLE DE FRANÇOIS Pr.
femme de Philibert Emmanuel duc de Savoie.

# AIGUIÈRE ORIENTALE

## PORCELAINE DE CHINE. — MONTURE ARABE OU TURQUE

### XVI<sup>e</sup> SIÈCLE

Hauteur.................................... $0^m,35$

Diamètre de la panse....................... $0^m,16$

Diamètre du col à la naissance de l'anse..... $0^m,05$

*( Collection de M. Ch. Schefer. )*

ETTE aiguière pourrait fournir l'occasion d'une recherche très-intéressante sur la question si obscure de la céramique orientale. Quelle est la part du génie des Arabes & des populations de l'Asie Mineure? quelle est celle des influences étrangères dans la façon dont ces populations ont compris & exécuté la céramique? Les Turcs, par exemple, qui depuis le milieu du quinzième siècle ont soumis à leur ascendant les riverains de la Méditerranée, & chez lesquels le génie industriel était développé à un degré beaucoup plus considérable qu'on ne le croit communément encore, les Turcs ont-ils fabriqué de la porcelaine? S'ils en ont fabriqué, comme tendraient à le faire supposer quantité de pièces rapportées d'Asie Mineure & n'offrant avec la porcelaine de Chine qu'une similitude purement superficielle, à quels signes doit-on la reconnaître? Quelles pièces peut-on désigner comme types & comme preuves? où se rencontrent-elles plus spécialement? quelle est l'histoire & la chronologie de cette fabrication? Je le répète : les recherches dirigées en ce sens seraient des plus neuves & des plus curieuses.

Quoi qu'il en soit, cette élégante aiguière prouve la fréquence des rapports entre la Chine & les peuples de l'Asie Mineure soumis à la domination turque. Modelée & décorée en Chine, ainsi que le prouve incontestablement la pâte même de la porcelaine, il est également incontestable qu'elle a été exécutée sur un modèle arabe. La forme de l'anse & du goulot, le renflement supérieur du col, les palmettes qui le décorent, les accolades imbriquées qui contournent le listel du soubassement, ne présentent aucun rapport avec le goût chinois. Il est évident que les grands seigneurs turcs faisaient exactement ce qu'ont fait Guillaume III, la reine Anne, Louis XIV, Philippe d'Orléans, Auguste de Saxe au dix-septième & au dix-huitième siècle, ce que font de nos jours les riches particuliers français & anglais, c'est-à-dire commandaient en Chine des pièces de porcelaine dont ils envoyaient les modèles comme forme, abandonnant aux Chinois le soin de la décoration.

Cette aiguière a dû arriver à Constantinople ou à Damas vers le milieu du seizième siècle; au moins, la sertissure des pierres incrustées sur les parois, l'ornementation de la monture qui fixe le bouton au goulot, celle du goulot, celle qui enveloppe le pied du listel inférieur, portent les caractères propres à l'art décoratif turc vers 1550, sous Soliman II. En outre, elle a reçu à la même époque une décoration d'or mat presque entièrement disparue, mais dont les traces sont encore visibles à la partie supérieure du goulot & du col & à la partie inférieure de la panse. La zone centrale paraît être restée intacte. La dorure devait relever la blancheur translucide de cette zone & donner à toute la pièce une puissance de ton qui découpait plus nettement sur les fonds bariolés des appartements orientaux l'élégance de ses contours & la grâce de ses profils.

Elle provient de Damas, où elle a été acquise en 1860 par son possesseur actuel, M. Charles Schefer.

Le fond de la porcelaine est blanc. Les cigognes & les entrelacs qui décorent les parois sont bleus, de ce bleu pâle qui était évidemment la couleur préférée par les Turcs. Sur les parois de l'aiguière sont incrustés alternativement des rubis & des turquoises sertis dans de petites montures d'argent doré. Ce genre d'ornementation est particulier à la Turquie, &, aujourd'hui encore, très en vogue à Constantinople.

C<sup>te</sup> L. CLÉMENT DE RIS.

Imp. Dulévra, Paris

# HALLEBARDES

## XVIᵉ SIÈCLE

Hauteur des originaux.............. 0ᵐ,77 — 0ᵐ,90

*( Collection de M. Spitzer. )*

L A hallebarde, dont l'usage vient de Danemark & d'Allemagne, fut adoptée en Suisse bien avant de l'être en France; Louis XI, nous apprend un texte du xvᵉ siècle cité par le président Fauchet, fit, pour la première fois dans son royaume, fabriquer « à Anger & autres bonnes villes ce nouveau ferment lequel fut appelé hallebarde. » En général les corps de hallebardiers composaient la garde d'élite des souverains, des grands seigneurs & des gouverneurs de provinces; en Autriche, on appelait *trabans* les gens de cette arme.

Les règlements militaires la donnèrent bientôt aux sergents d'infanterie, qui n'en ont, en France, abandonné l'usage dans l'armée, qu'à dater du commencement de 1756.

La hallebarde, en guerre, se portait droite; une vieille locution bourguignonne dit, pour quelque chose de douteux ou de controuvé : « Cela est vrai comme les Suisses portent la hallebarde sur l'épaule. »

Les deux grandes lames de hallebardes que reproduit la planche suivante appartiennent à la belle série d'armes du xviᵉ siècle, réunie par M. Spitzer.

L'une, celle dont notre dessin donne les deux faces, est dorée en plein sur toute sa fine gravure, rehaussée de nielles rouges & verdâtres. Un gros gland de soie verte passementé d'or complète cette belle arme dont la hampe, recouverte de velours, est cloutée de cuivre doré.

L'autre lame, dont le bas fermement découpé à jour présente de chaque côté trois pointes anguleusement agressives, est enrichie de médaillons, de mascarons, de fleurons gravés & de deux dauphins couronnés; tout cet ensemble est doré, ne laissant en acier blanc que la partie unie qui le domine.

La douille également dorée, qui s'ajuste à une hampe de bois de noyer, façonnée à pans, est ornée, sur une saillie centrale carrée, de petites plaques de nacre (têtes de rois) incrustées dans l'épaisseur de cette monture.

Ces deux belles armes de la fin du xvi$^e$ siècle nous semblent ciselées par quelque artiste allemand, formé comme style aux écoles de l'Italie.

ÉDOUARD DE BEAUMONT.

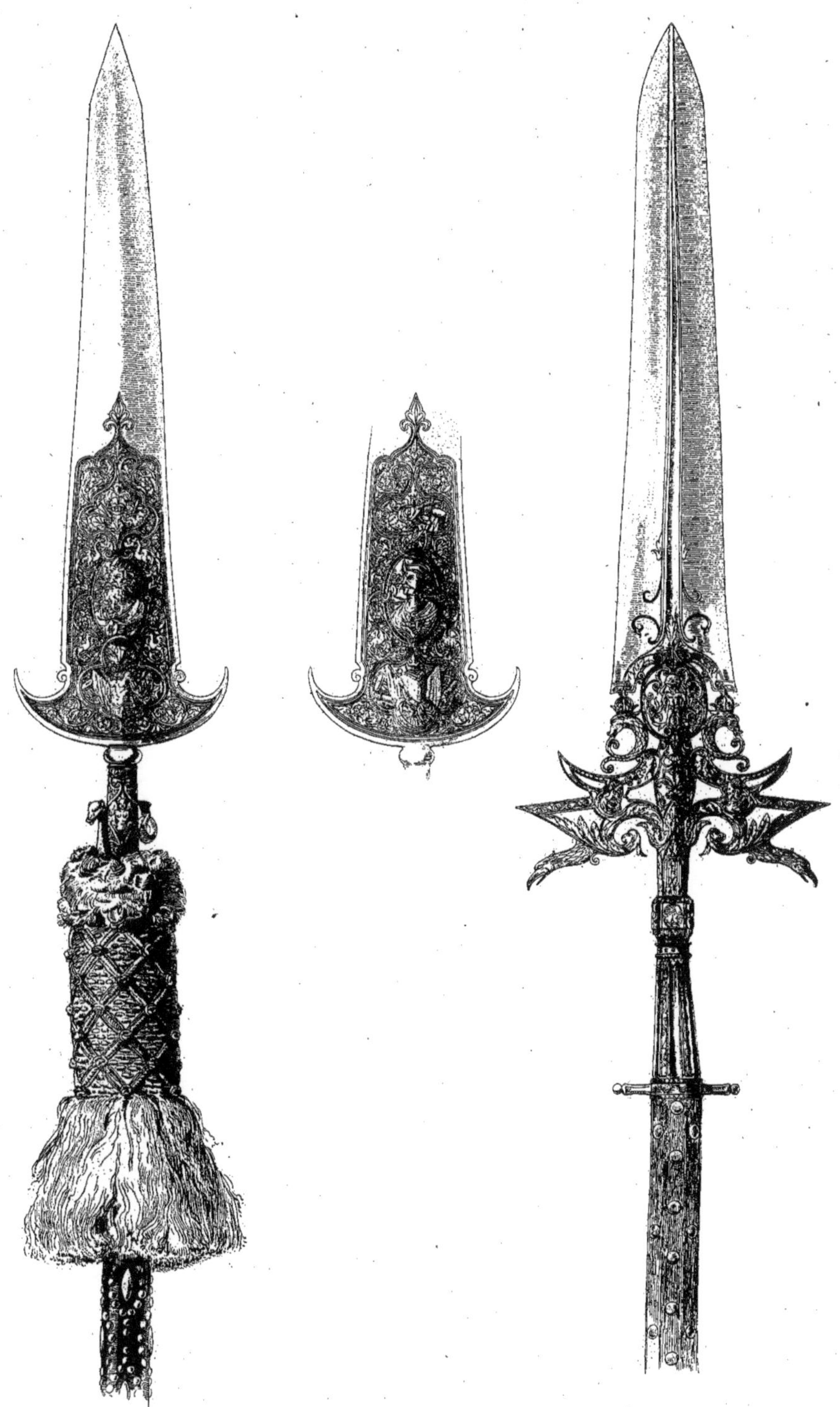

# BIJOUX

## EUROPÉENS ET ORIENTAUX

*( Collection de M^{me} la baronne Salomon de Rothschild. )*

PRÈS les considérations élevées qui ont été développées par notre ami Paul Mantz, au sujet de la bijouterie ancienne, il nous reste peu de chose à dire sur les trois premières pièces reproduites dans cette planche. Le médaillon central est une agate orientale de la plus belle transparence, encadrée d'une fine bordure où l'or & l'émail s'unissent avec la plus délicate harmonie; l'artiste italien qui a produit cette œuvre s'était donné pour mission d'égaler l'élégance antique, & il y est parvenu.

Les deux autres bijoux sont de ces bagues gigantesques qui couvraient les doigts comme d'un véritable bouclier; celle-ci, de la fin du seizième siècle, montre une composition dans le style romain de la décadence; une agate d'un noir roussâtre, chaude de ton, a été taillée sous la forme d'un buste de négresse; une couronne feuillée & un collier en diamants rattachent la figure au médaillon ajouré qui la renferme & qui scintille de l'éclat de gros diamants disposés en bordure ovale. La belière supérieure indique qu'une chaîne rattachait sans doute la bague à un bracelet. La seconde pièce, plus récente encore, porte sur un fond d'émail bleu trois diamants accompagnés de rosettes de brillants.

Mais l'objet empreint d'un intérêt tout spécial est l'agrafe de ceinture, évidemment orientale, qui occupe la plus grande partie de la planche. A quelle contrée attribuer ce monument? La forme semblerait indiquer une conception persane; les détails nous reporteraient vers l'Asie Mineure; enfin le travail, de tradition byzantine, devrait faire remonter l'ouvrage à une époque assez ancienne.

Examinons & discutons. Deux plaques, en forme d'amandes, sont réunies base à base par un fermail trilobé à ses deux extrémités. Au centre de chaque plaque, une palmette d'or en relief, inscrite dans une seconde amande réchampie d'émail bleu, & sortant d'un culot byzantin, se détache sur une résille d'or, à mailles irrégulières, dont les alvéoles sont remplis par des turquoises en tables soigneusement arasées aux cloisons. Sur la torsade d'or qui borde le cadre métallique se soudent des perles en turquoise serties d'or. Une pierre piriforme, fleuronnée de turquoises, garnit chaque pointe; & quatre autres pierres, également en poire, transforment en palmes symboliques les quatre angles du fermail dont le centre est orné d'une fleur d'or à quatre pétales.

Or, abstraction faite de la matière, ce bijou rappelle les antiques précieux trouvés à Petrossa, & les travaux cloisonnés importés chez nous à l'époque Mérovingienne; c'est le même système de résilles; seulement ici la pierre naturelle se substitue aux vitrifications.

Modifions par la pensée le mode d'emploi des turquoises; supposons-les serties sur un fond d'or plat & conservant la rondeur du cabochon; alors notre bijou imitera l'orfévrerie persane & toute cette opulente bijouterie turque qui, modifiée dans certains de ses détails, est venue s'introniser dans les contrées du centre de l'Europe, & notamment en Pologne.

Que conclure de ces connexions, sinon que nous sommes en présence de l'œuvre d'un artiste soumis à des influences diverses : d'un côté, la tradition antique; de l'autre, les modifications apportées dans l'industrie par le contact de peuples étrangers; en sorte qu'un hybridisme singulier arrête & trouble d'abord l'observateur.

En somme, ce bijou, peut-être roumain, peut-être anatolien, manifeste aux yeux du philosophe cette grande figure de la Babel biblique. Issu d'une source unique, l'art n'a point tardé à modifier son langage pour satisfaire aux besoins moraux des diverses civilisations humaines. Les témoins isolés de ce grave mouvement nous surprennent; mais le jour où nous pourrons les réunir & en coordonner l'ensemble, l'histoire sera faite & nous comprendrons toutes les inflexions de la pensée humaine à ses différents âges. Ce qui était confusion deviendra lumière.

ALBERT JACQUEMART.

# BIJOUX

Coll.ⁿ de Mᵐᵉ la Baronne S. de Rothschild.

Imp. Deldère, Paris.

# TAPIS

XVI<sup>e</sup> SIÈCLE

Hauteur de l'original.......... 2<sup>m</sup>,50
Largeur..................... 1<sup>m</sup>,50

( *Collection de M. le prince Czartoryski.* )

ANS une notice précédente accompagnant le dessin d'une selle polonaise appartenant au prince Ladislas Czartoryski, nous avons parlé des habitudes de luxe de la noblesse polonaise, aux quinzième & seizième siècles, dans les armes & les objets tenant au harnachement & à la sellerie. Les Polonais ajoutaient à leur costume des ceintures fabriquées en Perse qui se distinguaient par l'ampleur, par la finesse du tissu & l'éclat des couleurs. Il y en avait pour les différents âges, pour certaines cérémonies; elles variaient suivant les saisons, selon le rang & la condition de celui qui les portait. Elles étaient devenues un objet de dépenses considérables, & de là le proverbe que souvent un gentilhomme polonais porte une bonne partie de sa fortune dans sa ceinture.

Ces habitudes de luxe eurent pour conséquence naturelle de faire naître & de généraliser dans le pays l'usage d'orner l'intérieur des maisons de tapis & de divans. Starowolski, écrivain célèbre du commencement du dix-septième siècle, rapporte que très-anciennement, dans les maisons polonaises, « les siéges étaient couverts d'or & les murs ornés de tapis & d'étoffes précieuses, même chez les bourgeois. »

Ces tapis, comme les ceintures, étaient d'abord tirés exclusivement de la Perse & de la Turquie, mais la consommation s'en accrut tellement que, dans le cours du seizième siècle, on vit s'élever en Pologne de nombreuses fabriques établies par de riches & illustres familles. Ces efforts furent puissamment secondés par l'arrivée dans le pays d'un assez grand nombre d'industriels & d'artisans étrangers que la persécution religieuse forçait à chercher au sein de la nation polonaise un asile pour leurs personnes & leurs croyances.

La Pologne eut donc ses fabriques de tapis, de tissus de soie & de brocart, & quelques-unes acquirent dans le pays & au dehors une renommée que justifiaient d'ailleurs l'éclat & la perfection de leurs produits. On citait surtout celle de Gostyn, celle de Przeworsk, celle de Grodno, celle de Kobylka; mais les plus célèbres furent à juste titre celles de Cracovie & de Sluck.

Lorsqu'en 1645 Marie-Louise de Gonzague, duchesse de Nevers, fit son entrée à Cracovie comme femme de Ladislas IV, les tisserands de cette ville offrirent à leur nouvelle souveraine un assortiment magnifique de tapis de toutes sortes exécutés par eux. Un des musées de Cracovie possède encore une grande collection de spécimens de tapis sortis des fabriques de cette ville. Quelques-uns sont d'une grande richesse & d'une rare perfection de travail.

Mais la fabrique de Sluck l'emportait encore sur celle de Cracovie. Elle avait été fondée par le prince Jérôme Radziwill avec l'aide d'un certain Madziarski. Celui-ci avait étudié en Turquie la fabrication des tissus précieux, & il parvint à faire venir de Constantinople une calandre, vers l'époque où une machine du même genre était introduite en France par les soins de Colbert.

Ses produits rivalisèrent bientôt avec ceux de la Perse & de la Turquie, & on ne les distinguait plus qu'à une sorte de marque de fabrique dont les tisserands de Sluck avaient droit d'être fiers : *Factus est Sluciæ*.

Le tapis dont notre dessin représente un fragment est un très-beau spécimen des produits de cette branche de l'industrie polonaise, fabriqué au seizième siècle, qui a appartenu à la famille Czartoryski.

Il est de brocart d'or avec des reliefs en velours. La beauté du dessin égale celle du tissu. Il est encadré, comme on peut le voir, par une bordure assortie à l'ensemble du tapis.

Les plus beaux produits de nos fabriques n'effacent pas cet échantillon de l'industrie polonaise d'il y a près de trois siècles. Ces guirlandes entre-mêlées, ces médaillons, ces feuilles semées à profusion & sans confusion sur un fond d'or, sont d'un effet splendide & attestent le degré de perfection auquel étaient déjà arrivés à cette époque les arts industriels en Pologne.

Coll[on] de M[r] le Prince de Czartoriski.

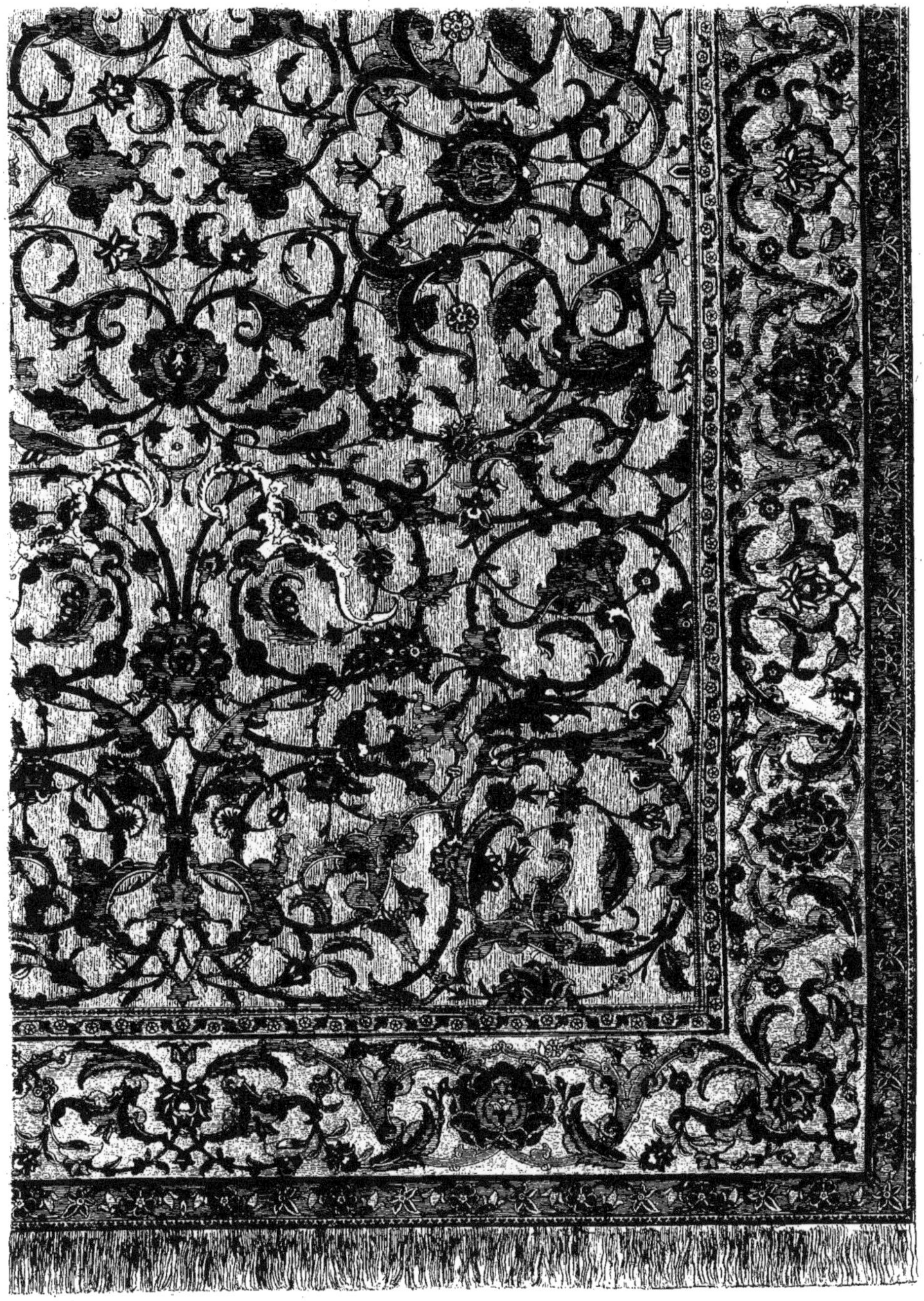



Imp. Delâtre, Paris.

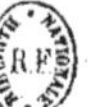

# HAUSSE - COL

## TRAVAIL FRANÇAIS DU XVII<sup>e</sup> SIÈCLE

*( Collection de M. Léopold Double. )*

L E colletin est une pièce importante du harnais de guerre, du quinzième au dix-septième siècle. Défendant le col & la partie supérieure de la poitrine, il supportait le poids des brassards & de la cuirasse qui s'y reliaient, les brassards, par des tiges à clavettes, la cuirasse par des bretelles couvertes de plaques de fer & même simplement en fer. Quand, vers le milieu du dix-septième siècle, l'armure de l'homme d'armes commença à disparaître des armées françaises, & fut remplacée par le buffle & le costume militaire que l'on connaît, le colletin resta en usage; il prit même de plus grandes dimensions qu'anciennement & fut souvent couvert de riches ornements, d'un travail remarquable, comme la pièce qui nous occupe. Dans l'armure des quinzième & seizième siècles, le colletin ne se voyait qu'à peine; il était simple, souvent sans ornements, c'était surtout une pièce utile. Quand il survécut seul à l'ancien harnais, il devint important comme défense & plus riche. Ce fut vers le milieu du dix-septième siècle, comme nous l'avons dit, que le buffle fut généralement adopté. La chanson sur le comte de Maure, donnée par M<sup>me</sup> de Motteville dans ses mémoires, est de cette date, 1649.

> Buffle à manches de velours noir
> Portait le grand comte de More;
> Sur ce guerrier faisait beau voir
> Buffle à manches de velours noir. . . . .

Le colletin ou hausse-col se mettait sur le buffle. Il se composait de deux parties, tournant sur un rivet d'un côté, se fermant de l'autre au moyen d'une coulisse à queue. Il resta toujours en usage dans nos armées, soumis toutefois par la mode à des changements de formes. Dans notre armée actuelle, cette dernière trace de l'ancienne armure des hommes d'armes se retrouve encore dans le hausse-col de nos officiers d'infanterie.

La date de la pièce dont nous publions le dessin peut se mettre vers le milieu du dix-septième siècle. Elle est entièrement gravée & dorée.

Le motif de l'ornementation est fourni par des rinceaux émaillés en rouge, courant sur la surface de la pièce & la partageant en champs symétriques, remplis par les dessins de l'ornement.

Au centre, on remarque dans un médaillon ovale, sur fonds d'émail noir, un cavalier armé à l'antique au goût du temps, d'une bonne exécution, quoique d'un art inférieur à celui de la belle époque du seizième siècle qui disparaissait. Le cheval se cabre, & à la partie inférieure de la composition se voit une ville. Dans les champs circonscrits par les rinceaux d'émail rouge, se retrouvent, fortement gravées, les décorations ordinaires des belles armes de cette époque : trophées, figurines engagées dans l'ornement à feuillages, &c., le tout d'un bon travail & dans un état de conservation difficile à rencontrer.

La planche ci-jointe présente le dessin complet de la dossière, qui est la partie la plus développée du colletin. Le devant est donné par la gravure sur bois qui sert de cul-de-lampe.

Cette intéressante pièce est française, & fait partie du cabinet de M. Léopold Double, si connu par le goût & la richesse de ses collections.

PENGUILLY L'HARIDON.

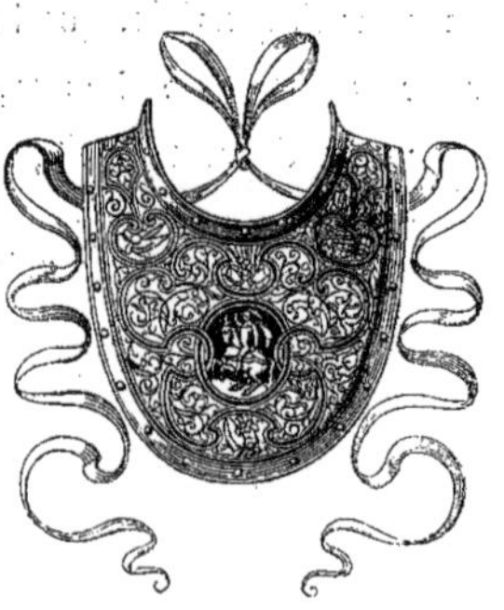

HAUSSE-COL, XVIe SIÈCLE.
Collection de Mr. Léopold Double.

# VASE DE SACRIFICE

## TRAVAIL CHINOIS

Hauteur de l'original............. 0<sup>m</sup>,100
Largeur........................ 0<sup>m</sup>,115
Diamètre du plateau............. 0<sup>m</sup>,175

*( Collection de M. le Docteur Piogey )*

INGULIER peuple que celui de l'Empire du Milieu ! A la fois viril & enfantin, il a tout créé, il s'en vante, & pourtant il a tout copié. Quel charmant bijou nous avons sous les yeux ! Il aurait été peint sur métal par les patients émailleurs de l'école formée par Petitot qu'on s'en étonnerait à peine.

Eh bien, cette coupe à la forme singulière, aux trois pieds courbes, à double déversoir, portant des appendices peu compréhensibles, c'est un meuble sacré, destiné à l'usage d'un Empereur, & réservé pour les cérémonies spéciales du culte.

Le vase *Tsio*, avec lequel on répand sur l'autel le vin consacré aux libations, remonte à une si haute antiquité que, dans l'écriture primitive, le caractère exprimant son nom représentait sa figure : 不 爪 . Depuis, avec ce respect de la tradition, base des mœurs publiques en Chine, on a reproduit, en tout temps & en toute matière, ce vénérable meuble. M. le D<sup>r</sup> Piogey a eu l'heureuse idée d'échelonner des témoins de ce fait, depuis le bronze antique rudimentaire, la coupe à riches reliefs provenant de la collection de Morny, jusqu'au jade élégant, à l'étain modeste, & à ce délicieux spécimen inscrit de la légende impériale *Kien-long nien tchy*, indiquant le règne du littérateur philosophe qui se vantait d'avoir fait revivre (de

1736 à 1795) les fabrications antiques & imité les travaux étrangers.

Ce qui surprend le plus ici, ce sont les médaillons à sujets familiers de femmes & d'enfants, sortes de portraits en miniature qu'on croirait peints par le père Attiret, ou tel autre artiste de la Compagnie de Jésus; il y a si peu d'analogie entre ce décor galant & coquet & la destination du vase, qu'il semblerait y avoir eu oubli complet de la loi de convenance généralement écrite sur tous les objets orientaux.

Certes au point de vue européen, la pièce n'en est que plus jolie; le fond bleu, rehaussé d'arabesques polychromes cloisonnées, encadre à ravir les paysages & les portraits; les perles de corail pâle & de turquoise apportent un appoint harmonieux à la forme & à la coloration générale; on voit, en un mot, qu'un Empereur profondément épris de nos arts avait commandé ce petit chef-d'œuvre bien plus pour charmer ses yeux, que pour satisfaire une pensée religieuse sans doute assez vaguement enfouie parmi son bagage philosophique.

Voici, du reste, la description de l'objet : coupe à fond sphéroïdal, dont l'ouverture est largement épanouie en double déversoir; elle est supportée par trois pieds courbes, & munie d'une anse latérale & de deux quillons verticaux servant d'appui pour verser. Le vase est posé sur un plateau circulaire, avec mamelon central dans lequel se creusent trois rainures destinées à recevoir les pieds qui s'y emboîtent. Tout ce travail délicat, exécuté en cuivre au marteau, est recouvert d'émail cloisonné ou peint. Le fond, à dessins élégants de couleurs variées, encadre des réserves décorées, les unes de fleurs, les autres de paysages aux détails microscopiques, les plus importantes de groupes en demi-figures d'une exécution des plus fines; ce sont des femmes, accompagnées de leurs enfants, paraissant se livrer au plaisir de la promenade dans de spacieux jardins.

Ce que l'on peut remarquer de particulier dans cette pièce, c'est l'adjonction d'un certain nombre de chatons destinés à recevoir des perles de corail pâle ou de turquoise, & qui transforment la coupe en un véritable travail de bijouterie.

ALBERT JACQUEMART.

VASE DE SACRIFICE.
Coll.on de M.r le Docteur Picgey

# COFFRET

TRAVAIL FRANÇAIS DU XVI<sup>e</sup> SIÈCLE

Hauteur de l'original........ 0<sup>m</sup>,225

Longueur.................... 0<sup>m</sup>,387

Plus grande largeur......... 0<sup>m</sup>,296

*( Collection de M. le comte de Nieuwerkerke. )*

ı jamais l'usage d'un objet présenta quelque difficulté à spécifier, c'est bien certainement celui du coffret dont nous nous occupons; car si, d'un côté, l'écrou placé sous sa base donne à penser qu'immobilisé par ce fait sur quelque gros meuble, il était destiné à contenir des objets précieux ou même secrets, l'absence de toute serrure (il ne ferme qu'au moyen d'un bouton s'ouvrant par la seule pression du doigt) détruit cette hypothèse, & nous jette dans l'incertitude la plus complète. Dans l'impossibilité de prononcer sur la question de l'usage de ce meuble, nous croyons devoir l'abandonner pour arriver tout de suite à sa provenance qui, comme on va le voir, présente, elle aussi, certaines difficultés. En effet, de ce que le couvercle & la circonférence de ce coffret sont couverts d'H & de C enlacés rappelant le monogramme si connu de Henri II & de Catherine de Médicis, faut-il conclure, sans critique, qu'il est d'origine royale?

Admettre une telle provenance serait, certes, bien tentant; mais, comme il n'est pas plus permis en archéologie qu'en toute autre chose de succomber à la tentation, examinons si la forme des lettres de notre coffret rappelle exactement le monogramme royal.

La plus simple observation répond par la négative : non-seulement le galbe général du monogramme du coffret est différent; mais ce qui, seul, suffirait pour décider la question se trouve, suivant nous, dans la forme des C si nettement accusée ici qu'il est impossible de les prendre pour des D, tandis que, dans le monogramme royal, les crochets des C adossés viennent se perdre dans les jambages de l'H, de telle manière que cette lettre pouvait, à la volonté du souverain, être un C ou un D, selon que Henri II se trouvait avec Catherine ou avec Diane.

Chacun sait, en effet, que ce monogramme n'était qu'une galanterie à deux fins pouvant flatter tout à la fois & la reine & la favorite.

Si à cette observation on ajoute l'absence complète des fleurs de lis, qui se trouvent presque sans exception sur tous les objets mobiliers ayant appartenu aux rois de France, il faudra abandonner la provenance royale, & voir si nous ne pourrions pas, à défaut de roi, trouver au moins quelque maison princière.

Là encore la négative se trouve positivement constatée par l'absence de tout écusson, car au seizième siècle, pas plus qu'au dix-neuvième, les armoiries n'ont été chose qu'on oubliât.

Tout ce qui pourrait lui donner une provenance royale ou même princière nous faisant défaut, nous croyons être dans le vrai en avançant que ce coffret n'a pu appartenir qu'à quelque gros financier, qui a profité de la similitude de la première lettre de son nom unie à celle de sa femme pour composer un monogramme à peu près semblable à celui de Henri II & de Catherine.

Nous ne donnons, certes, ces dernières paroles que comme une supposition que nous croyons admissible; mais, tout en refusant au coffret l'honneur d'une provenance royale, nous dirons qu'il la mérite tant par la richesse de son ornementation, que par le fini de son exécution & l'élégance de sa forme.

Ce coffret, qui repose sur six petits ronds terminés en boule, est entièrement composé d'entrelacs à jour, portant en haut relief les mêmes lettres quinze fois répétées sur le couvercle & soixante-seize fois sur le pourtour de la panse.

Les monogrammes sont en argent.

A. SAUZAY.

COFFRET, XVI$^{E}$ SIÈCLE
Coll$^{on}$ de M$^{r}$ le Comte de Nieuwerkerke.



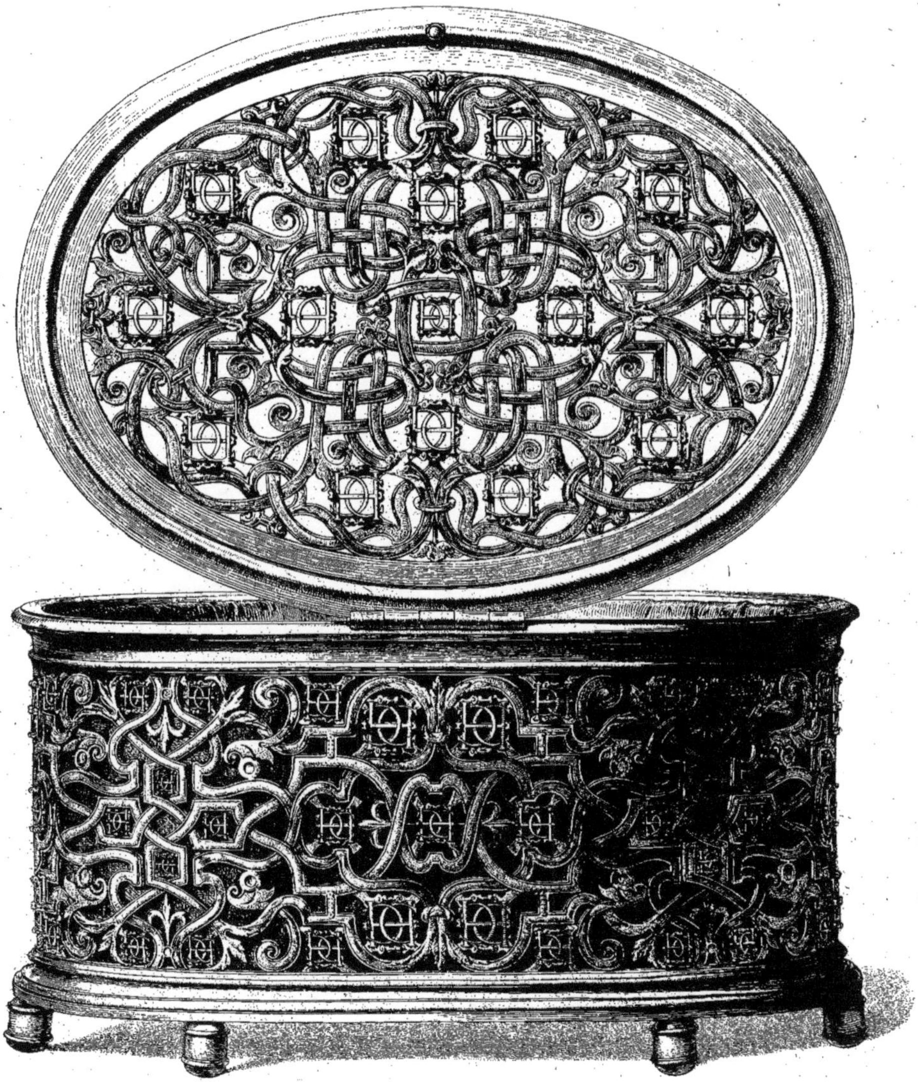

Imp. Delâtre, Paris.

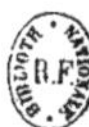

# COUPES

## DE LA FABRIQUE DE GUBBIO

Diamètre........ 0<sup>m</sup>,212

*( Collection de M. Joseph Fau.)*

E fut une habitude presque constante parmi les peintres céramistes italiens de décorer de bustes héroïques le fond de leurs plats & de leurs coupes. Sur les pièces les plus archaïques on reconnaît cette pratique aussi bien que sur celles qui marquent l'apogée ou la décadence de la céramique en Italie. Les séries de portraits étant à la mode pendant la Renaissance, les dressoirs complétaient ou suppléaient ce que les peintres avaient figuré sur les lambris des salles, & ce que les sculpteurs avaient modelé sur les murs des façades.

La galanterie vint bientôt donner un accent plus personnel à ce genre de décor en lui faisant retracer, où à peu près, l'image embellie de la femme aimée dont le nom inscrit sur une banderole était suivi de l'épithète *bella*. La dame à qui l'on avait offert la coupe remplie de *confetture* éprouvait la double jouissance, d'abord de vider celle-ci, puis de s'y reconnaître après l'avoir vidée, d'autant plus flattée de l'attention que le peintre avait dû mettre plus de complaisance à l'embellir.

Les deux coupes formant pendants que possède la collection de M. Joseph Fau, & qui sont ici reproduites, offrent les plus parfaits spécimens de ce genre de décor. Les deux têtes sont dessinées du premier coup par une main peu sévère peut-être, mais certainement habile, & ajustées avec une fantaisie élégante, bien que voisine de l'extravagance.

Mais ce qui serait défaut dans un tableau ne fait que donner plus d'accent à une œuvre de simple décoration, destinée à être vue d'une certaine distance.

La fabrique de Gubbio a produit, au milieu du seizième siècle, un grand nombre de coupes de même style que celles-ci, mais non cependant de même facture. Au lieu d'être dessinés & modelés en bistre roux très-fluide, comme sont les pièces authentiques de Gubbio, les portraits de RUGIERI & de PHILOMENA se rapprochent des faïences archaïques par l'emploi exclusif du bleu d'outre-mer dans le dessin & le modelé des carnations, & rappellent les pièces de Chaffagiolo par la façon brutale dont le pinceau a laissé des traces de son passage sur le fond en y étendant ce même bleu en couche épaisse.

Les costumes sont glacés de jaune, de vert, d'orangé & de violet, ces deux dernières couleurs étant discrètement employées, & la résille qui emprisonne les cheveux de dame Philomena est de ce bleu éclairé de vert turquoise dont les tons chatoyants donnent une note si brillante dans la gamme du décor d'Urbino.

Nous trouvons, en définitive, trop d'indices de fabrications différentes sur les deux coupes charmantes que possède M. Joseph Pau, pour oser attribuer celles-ci avec certitude à aucune d'elles.

ALFRED DARCEL.

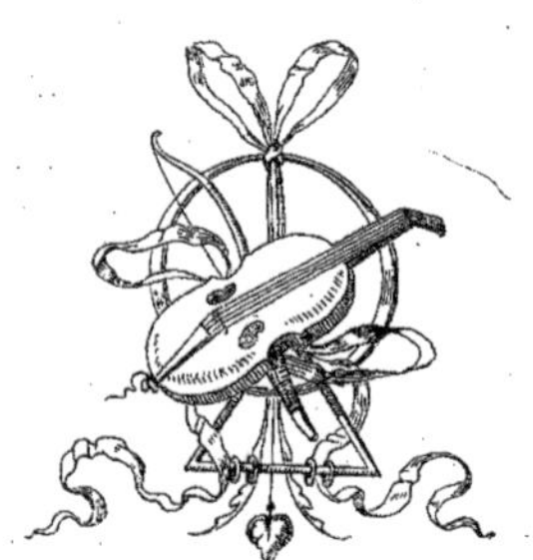

COUPES. XVIᵉ SIÈCLE.
Collⁿ de Mr Joseph Fau.

# MIROIR

TRAVAIL FRANÇAIS, FIN DU XVI<sup>e</sup> SIÈCLE

Hauteur.................... 1<sup>m</sup>,84
Largeur.................... 0<sup>m</sup>,92

*(Collection de M. Léonce Mahou.)*

ous l'action de l'art, il n'est point de matière — si ingrate qu'elle soit — qui ne puisse prendre tout à coup une valeur exceptionnelle. C'est ainsi que le fer lui-même, manié par des mains habiles, peut devenir en quelque sorte une matière des plus précieuses & rivaliser avec les œuvres de l'orfévrerie la plus délicate. Ce grand cadre de miroir que nous plaçons sous les yeux du lecteur témoigne suffisamment de la vérité de cette assertion. L'artiste a ployé le métal à tous les caprices d'une invention aussi souple qu'ingénieuse. Son motif était d'une simplicité primitive. Il devait faire dominer au-dessus du cadre le blason & la couronne du personnage à qui le miroir était destiné. Voyez à quelle charmante décoration ce sujet si simple s'est prêté, avec quelle grâce & quelle délicatesse les feuillages & les longues tiges fleuries se sont entrelacés pour former un élégant support à l'écusson héraldique, timbré d'une couronne de marquis! C'est un travail français (de la fin du seizième siècle) en fer forgé, ciselé & poli, qui porte la superbe empreinte du temps où il a été exécuté. De semblables modèles, retrouvés, vulgarisés & appréciés, ont donné déjà &, de plus en plus, donneront une impulsion nouvelle à ce bel art de la ferronnerie trop longtemps négligé, & à la renaissance duquel nous assistons aujourd'hui.

**ERNEST CHESNEAU.**

MIROIR, XVII^e SIÈCLE.

Coll^on de M^r L. Mahon



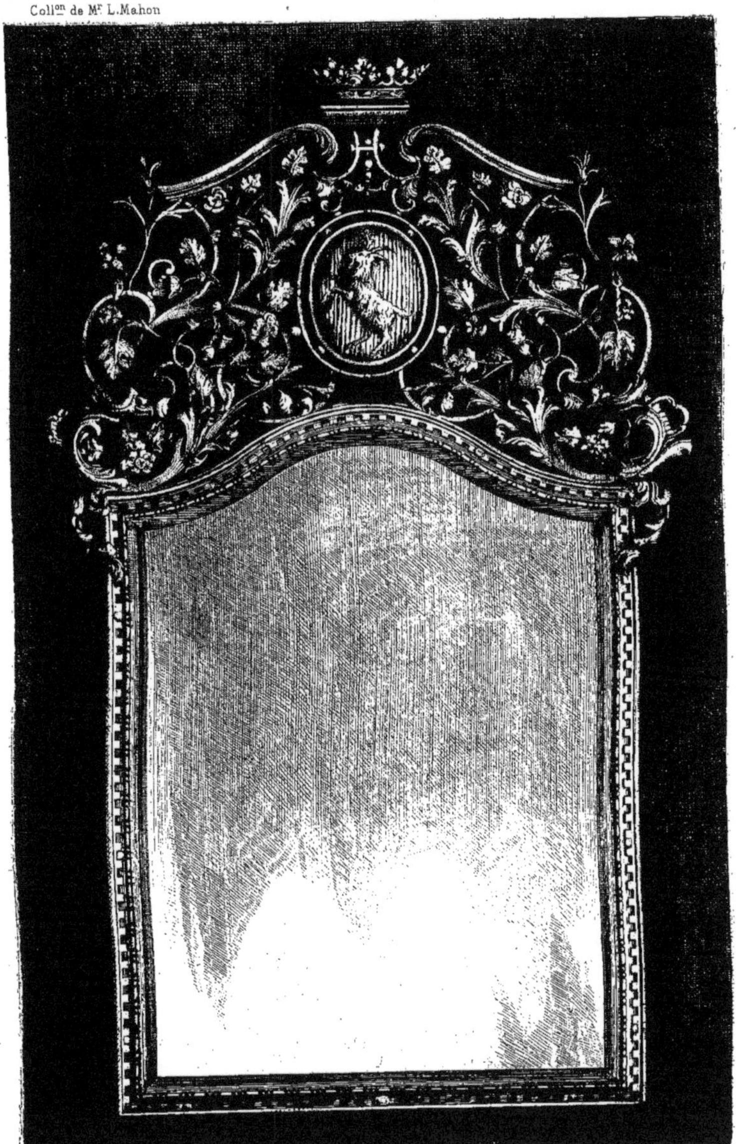

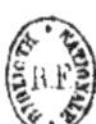

Imp. Delâtre, Paris.

# LIT

## DE LA RENAISSANCE

Hauteur...... 2ᵐ,755  |  Longueur....... 2ᵐ,15  |  Largeur....... 1ᵐ,59

*( Musée de l'Hôtel de Cluny. )*

N sait, par le témoignage de Germain Brice, qu'il existait avant la Révolution, au Garde-Meuble du roi, « des lits & des tentures de chambres » qui avaient appartenu à François Iᵉʳ & à Henri II.

Est-ce un de ces lits, de provenance royale, que nous avons sous les yeux ? Beaucoup l'ont pensé, & le savant créateur de la collection qui est devenue le Musée de Cluny, M. Alexandre du Sommerard, ne faisait aucune difficulté de le croire, puisqu'il l'a écrit. Ce beau lit lui venait d'un « évêque savoyard » qui, lui-même, l'avait acheté à Paris lors d'une vente de divers objets provenant de l'ancien Garde-Meuble. « Rien, dit-il dans ses *Notices sur l'hôtel de Cluny & sur le palais des Thermes* (1834), ne dément la tradition conservée par cet évêque que ce lit avait appartenu à François Iᵉʳ, ni le caractère de la sculpture, ni l'élégance de la forme, ni les parties armoriées destinées peut-être à rappeler les titres de comte d'Angoulême & de duc de Valois. »

Telle est l'opinion que M. Alexandre du Sommerard émettait, il y a plus de trente ans; mais ce sentiment n'a pas prévalu, & pour l'auteur du Catalogue du Musée de Cluny, le magnifique meuble qui nous occupe est devenu tout simplement un « grand lit à baldaquin du temps de François Iᵉʳ. » Une pareille réserve ne saurait être trop approuvée. C'est surtout alors que la certitude fait défaut qu'il convient d'être prudent.

Pour nous, écartant toute conjecture aventureuse, nous nous bornerons à admirer & à décrire ce meuble qui, royal ou non, demeure une des plus hautes curiosités de l'Hôtel de Cluny. C'est un lit somptueux & monumen-

tal. Il est surmonté d'un vaste baldaquin à corniche que supportent, du côté
du chevet, les figures de Mars & de Bellone, & du côté des pieds, deux
colonnettes aussi solides que savamment ouvragées. Des ornements sculptés en haut relief décorent le dossier, sur lequel on voit ramper deux
dauphins : un écusson ovale, qui ne porte pas d'armoiries, forme le motif
central de cette ornementation luxueuse. Au-dessous de l'écusson est sculp-
tée une couronne ducale entourée de feuillages & de fruits, parmi lesquels
on reconnaît des citrons & des grenades. La même couronne se reproduit à
l'intérieur de la corniche. Cet ornement, deux fois répété, & les dauphins
du chevet ont évidemment une signification historique : c'est une énigme
dont il serait tentant de chercher le mot. Mais n'essayons pas de substituer à
une tradition qui ne rencontre plus de créance des suppositions sans auto-
rité. Contentons-nous de dire que ce lit, œuvre remarquable de sculpture
& d'ébénisterie, date du milieu du seizième siècle, qu'il paraît d'origine
française, & qu'il est superbe.

La garniture du lit est plus moderne : elle se compose d'une courte-
pointe (Marguerite de Navarre dirait *contre-pointe*), sorte de couverture de
parade, faite de soies de diverses nuances & enrichie de broderies rapportées. Malheureusement, cette couverture, qui a dû être fort belle, est dans le
plus fâcheux état. Les armoiries ont été arrachées, les broderies ont disparu
en grande partie, & c'est à peine si l'on peut retrouver les linéaments confus
du médaillon central, qui représentait sans doute l'*Enlèvement d'Europe*. Les
« pentes, » suspendues entre les colonnes du lit, sont mieux conservées :
des figurines d'enfants y sont brodées en gris brun sur un fond de satin
jaune. Le dessin n'est pas d'une perfection absolue, déjà l'art du brodeur
commence à décroître, mais l'ensemble reste opulent & décoratif.

La garniture du lit que nous venons de décrire date de la fin du
seizième siècle. Elle provient du château de Villepreux, &, d'après la tradition, elle aurait appartenu à Pierre de Gondi, qui fut évêque de Langres
en 1568, évêque de Paris deux ans après, & cardinal en 1587. Ce prélat,
que Henri IV envoya en ambassade auprès du saint-siége, mourut en 1616.
On jugera peut-être que ces étoffes éclatantes, ces riches broderies étaient
quelque peu mondaines pour la chambre d'un homme d'Église. N'oublions
pas que ces Gondi restèrent toujours Italiens, qu'ils aimaient l'art & ses
pompes & qu'à l'époque où l'un d'entre eux était évêque, la religion ne
faisait pas trop mauvais ménage avec les magnificences du luxe profane.

PAUL MANTZ.

Imp.Deldtre.Paris.

# PANNEAU

TRAVAIL ITALIEN DU XVI<sup>e</sup> SIÈCLE

Hauteur............... 0<sup>m</sup>,83
Largeur............... 0<sup>m</sup>,57

*( Collection de M. Léonce Mahou. )*

DATER de la Renaissance, l'industrie du mobilier se divise en deux grandes classes : les meubles décorés par la sculpture, & les meubles décorés par l'emploi de la marqueterie. Ces derniers atteignent à l'effet par le jeu des colorations sur des surfaces lisses ; les autres, au contraire, étant d'une seule teinte, par la forme, par le relief, par le jeu puissant des ombres & des lumières. Un principe commun préside à la construction de ces meubles, celui de l'harmonie des proportions imposée par l'application des lois de l'architecture. Ce sont ces lois qui déterminent ce qu'on appelle le *caractère* d'un meuble. Mais c'est la décoration, quel que soit le moyen décoratif employé, sculpture ou marqueterie, qui lui donne sa valeur d'art définitive. Ainsi il n'est point besoin d'avoir sous les yeux l'ensemble du meuble auquel est emprunté le panneau que nous reproduisons ici pour reconnaître qu'il a fait partie d'une de ces belles œuvres italiennes que le seizième siècle a produites avec une abondance qui prouve la fécondité d'imagination des grands artistes de la Renaissance. La matière en elle-même n'est point précieuse ; c'est du bois de noyer, qui n'a d'autre prix que celui de la main-d'œuvre. Un cordon de perles soutenant une bordure de feuillages forme le cadre de ce panneau, dont le motif principal placé au centre représente un buste de saint personnage. Mais les vides qui séparent le buste du cadre même sont remplis par une riche décoration, où l'artiste a confondu avec goût les symboles religieux &

des attributs d'ornementation profane. Les instruments de la Passion, les figures d'anges, les têtes des chérubins s'y mêlent, avec une habileté de composition remarquable, à des mascarons, à des guirlandes de feuilles & de fruits, à des figures ornementales, à des écussons, à des lambrequins, qui occupent le panneau tout entier sans le surcharger. Ce beau travail est l'œuvre de Giovanni da Nola. Deux autres panneaux analogues, du même auteur, faisaient partie de la collection de M. Castellani (de Rome), qui a été vendue à Paris en 1865.

ERNEST CHESNEAU.

PANNEAU, XVIᴱ SIÈCLE.
Coll^on de M^r L. Mahou.



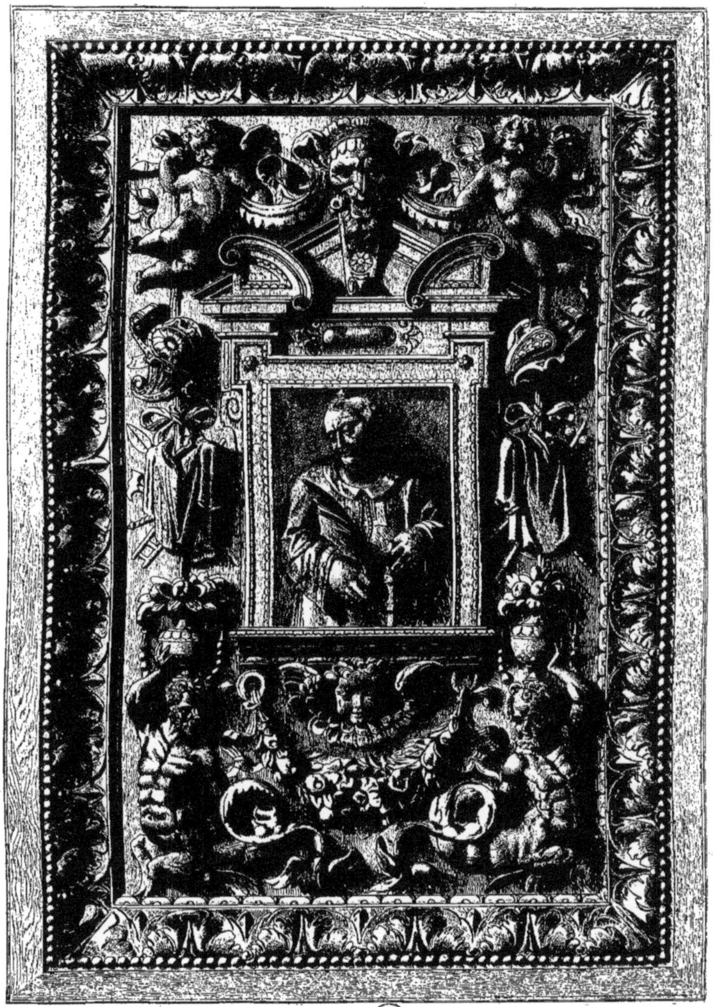



Imp. Dalâtre, Paris.

# LAMPE DE MOSQUÉE

## EN VERRE ÉMAILLÉ

TRAVAIL PERSAN DU XIIIe SIÈCLE

## PLAT VÉNITIEN

TRAVAIL ARABE

Hauteur de la lampe............... 0ᵐ,320
Diamètre.......................... 0ᵐ,250

oici l'une de ces curieuses enveloppes de lampes qui, depuis quelques années, ont été rapportées d'Égypte ou de Syrie, où elles faisaient l'ornement des mosquées. Sur un verre épais, un peu jaunâtre, un artiste, évidemment d'origine persane, a jeté d'élégantes arabesques en bleu, rouge de fer & blanc qui, mêlées à des caractères, interceptent la lumière intérieure & la tamisent, selon le vœu de la sourate du Coran rappelée par notre savant ami A. de Longpérier (description 37 du Ier vol. de ce recueil), en rendant le vase comparable au *Mischkah* consacré.

Ici, les caractères tracés ont un intérêt puissant d'histoire, car, d'après la lecture qu'en a faite l'archéologue érudit que nous venons de citer, ils donnent une date, une provenance & un nom peu connu. Voici ce que porte le corps du vase entre les six bélières de suspension :

Honneur a notre seigneur le sulthan Malek el Adel el Alem, el Modjahid : que (dieu) exalte sa victoire !

Sur le col, remplissant l'espace libre entre les médaillons circulaires, on trouve répétés, en émail bleu, les trois titres : Es soulthan, el Malek, el Alem.

Tout ceci paraît pouvoir s'appliquer à un membre de la célèbre famille aïoubite à laquelle appartenaient Salah-ed-dine (Saladin) & Abou-Bekr-Mohammed (Malekadel); cet homme, appelé Sandjar-halebi, était gouverneur de Damas, lorsqu'en 658 de l'hégire (1259-1260 de J.-C.) le sultan mamlouk Koutouz fut assassiné par Béibars, qui se fit proclamer à sa place par les émirs. Sandjar-halebi refusa de reconnaître ce nouveau maître, & se fit proclamer sultan lui-même en prenant les surnoms de *Alem* & *Modjahid.*

Moins de trois mois après son élévation à la suprême puissance, ce sultan était emmené prisonnier en Égypte; mais, ajoute M. de Longpérier, puisqu'il eut le temps de frapper des monnaies, ce que nous apprend Makrisi, il n'est pas étonnant qu'il ait fait inscrire son nom sur une lampe fabriquée dans la ville même où il comptait autant d'amis que d'habitants, & qu'il ait consacré cette lampe comme un remercîment au ciel pour son avénement au trône.

Nous avons donc sous les yeux une verrerie faite à Damas en 1260 de notre ère, & qui ne diffère en rien, comme art, des œuvres trouvées en Égypte & consacrées de 1293 à 1341 par Mohammed fils de Kelaoun, ou de 1382 à 1399 par Abou-Saïd-Barbouk.

Il nous resterait maintenant à parler du plat, que l'artiste prudent a relégué au second plan de sa gravure. Mais que dire de cette merveilleuse énigme? Est-ce un ouvrage oriental, comme pourraient le faire croire & les inscriptions arabes qui le décorent, & le palmier entre deux lions, armoirie bien connue de l'empire iranien? Est-ce, au contraire, un travail fait à Venise par un artisan venu de la Perse ou de l'Asie Mineure, ainsi qu'on pourrait le penser d'après l'écu des Melgi de Venise qui en occupe le centre?

Il n'est pas sans exemple de voir des armoiries européennes adoptées, en Orient, par des musulmans vainqueurs de certains de nos princes; on sait, d'un autre côté, que pendant longtemps les damasquineurs arabes ou maures ont employé, en Europe, à titre d'ornements, des fragments de légendes musulmanes qui, bientôt défigurées, sont même devenues courantes dans les mains de nos propres artistes. La prudence veut donc qu'on s'arrête devant cette belle pièce & qu'on se borne à en admirer la richesse & le bon goût.

ALBERT JACQUEMART.

LAMPE DE MOSQUÉE, PLAT VÉNITIEN.
Coll<sup>on</sup> de M<sup>me</sup> la Baronne S. de Rothschild.

Imp. Delâtre, Paris.

# SANGDEDEZ

## ÉPÉE VÉNITIENNE DU XVI° SIÈCLE

Longueur.............. 0<sup>m</sup>,58

*( Collection de M. le Comte de Nieuwerkerke. )*

*INQUEDEA* ou *Sangdedez* (1). Sa lame courte & plate, à deux tranchants, aiguë à la pointe & très-large près de la monture, est, sur ses deux faces, dans toute sa longueur, façonnée à larges cannelures très-douces.

Son talon, de chaque côté de ses plats, est enrichi de sujets à personnages & de frises en rinceaux très-finement gravés.

La poignée, formée de deux morceaux d'ivoire fixés à *plate semelle* sur la soie épaisse de la lame, est sommée en demi-cercle par une garniture de bronze ciselée & dorée (2). Sur ses côtés sont gravés ces mots latins :

*Nunquam potest non esse virtuti locos.*

Cette monture à la vénitienne, ornée, sur sa hauteur, de quatre perforations garnies de petites rosaces ajourées, est complétée par deux

(1) *Cinquedea* ou *Cinquedita,* en français ancien *Sangdedez* ou *Sandedé :* « Épée courte à la vénitienne, dit par raillerie. » (Dict. de N<sup>el</sup> Duez. — Dict. de Oudin.) « Cinquedea, épée telle que les nobles vénitiens la portaient. » (Roquefort, langue française.) — « Aultres portoient daguenets poignards *Sangdedez.* » (Rabelais). « Cinquadea Spada corta, che i Veneziani dissero *Cinquadea* quasi lunga cinque dita. » (Dict. mil. de Grassi.) — « Quand'ei l'incorse colla cinquadea. » (Lippi). On a quelquefois donné, mais très à tort, le surnom de *Langue de bœuf* aux anciennes Sangdedez. L'arme réellement nommée au seizième siècle *Langue de bœuf,* en italien *Roncone* ou *Lingua di bue,* était proprement une arme d'hast à lame très-large & plate. Dans aucun dictionnaire, dans aucun document antérieur au dix-huitième siècle, on ne trouve le nom de Langue de bœuf appliqué à la courte épée de Venise. Une moderne locution espagnole, « *faire avaler une langue de bœuf,* » pour dire donner un coup de couteau, est la seule trace qui semble rattacher l'épée large & courte au nom que nous lui contestons.

(2) Notre planche donne en détails cette garniture vue de profil.

méplates & courtes branches de gardes en acier gravé, inclinant fortement
leurs extrémités sur le talon de la lame qui s'y incruste dans une rainure.

Cette belle arme a son fourreau de cuir bouilli enrichi d'entrelacs
ciselés; sur le devant se trouve un petit écusson d'armoirie & sur le revers
deux petites gaînes accolées pour poinçon & *bastardeau* (couteau d'épée).

Au centre de la planche représentant les deux côtés de l'épée que
nous venons de décrire est le dessin de la monture très-finement ciselée
& dorée d'un bâton de majordome. L'écusson des armes de France & les
dauphins qui le soutiennent sont d'une grande délicatesse d'ajustement
& de ciselure.

ÉDOUARD DE BEAUMONT.

Texte tiré du catalogue de la collection d'armes de M. le comte de Nieuwerkerke.

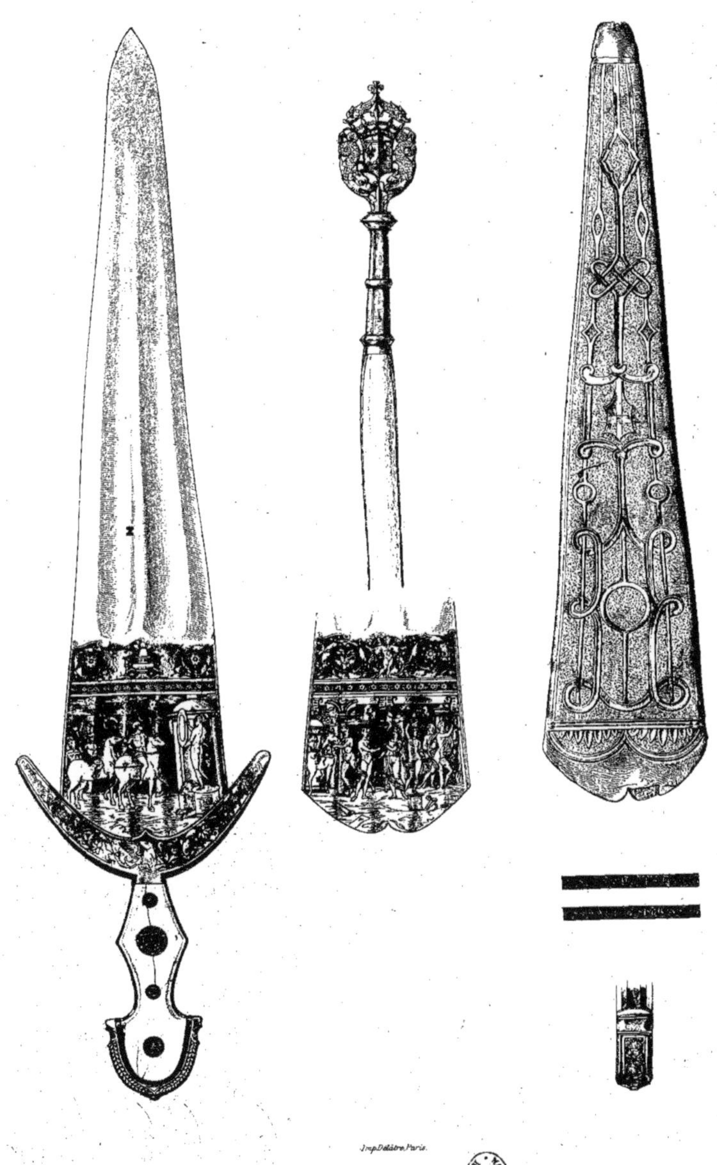

# MÉDAILLON

## EN CRISTAL ÉMAILLÉ

### XVI<sup>e</sup> SIÈCLE

Hauteur................ 0<sup>m</sup>,11

*( Collection de Madame la baronne James de Rothschild. )*

U neuvième sonnet des *Amours*, Ronsard, errant dans une forêt mystérieuse où nul ne viendra troubler son rêve, tire de son pourpoint un portrait en miniature, œuvre de Nicolas Denisot, & se console en contemplant l'image de l'amie absente. Ces portraits, que l'amoureux emportait dans ses promenades, étaient d'ordinaire enfermés dans des boîtes dont l'art du seizième siècle avait su faire de véritables bijoux. Il y en eut de toutes sortes. Pour la plupart, elles étaient en émail, & chacun a pu voir, au musée de Kensington, la petite boîte d'or, émaillée d'arabesques sur fond noir, qui renferme le portrait de la reine Élisabeth, par Hillyard. On en fit aussi en cristal. Ces boîtes d'ailleurs ne contenaient pas toujours des portraits : elles servirent souvent de cadre & de décoration à ces petits miroirs que les élégantes portaient suspendus à leur ceinture, & dont l'inventaire des bijoux de Gabrielle d'Estrées (1599) nous montre de si charmants exemples.

Dans la pièce que nous avons sous les yeux, le côté destiné à recevoir la miniature — ou la glace du miroir — est garni d'une plaque ovale de cristal de roche taillée à biseaux. L'autre côté — c'est celui dont nous donnons la gravure — est formé par une plaque de cristal appliquée sur paillon rouge & décorée d'arabesques en or émaillé. Au centre, dans un cercle d'émail vert orné de six pierres précieuses, est un camée en sardonix oriental représentant le buste lauré d'un empereur romain. Autour de ce camée rayonnent des émeraudes serties dans des alvéoles carrés ou triangulaires. Trois cercles, diversement colorés, circonscrivent le médaillon : le dernier est en émail vert orné de palmettes blanches sur fond d'or.

Un ornement découpé à jour & formant bélière décore le haut de la plaque. Ici le rubis intervient & se mêle à l'or, émaillé de blanc & de bleu. La partie inférieure du médaillon est ornée d'un autre rubis serti dans une monture carrée & se termine par une perle pendante.

Nous avons minutieusement décrit ce joyau, d'abord parce qu'il est superbe, & ensuite parce qu'il est dû à un procédé de fabrication spécial & rare, l'émaillerie sur cristal ou sur verre. M. le baron James de Rothschild possède une autre de ces plaques incrustées d'émail & montées sur paillon; le musée du Louvre en montre une aussi, qui est moins belle, & qui paraît dater du dix-septième siècle. M. Alfred Darcel nous a appris dans sa *Notice des émaux & de l'orfèvrerie* (1867) par quelles ingénieuses méthodes l'émail était déposé dans les creux du cristal finement entaillé & comment la plaque ainsi décorée était ensuite appliquée sur la feuille de paillon qui la colore par transparence.

Ces boîtes à portraits ou à miroirs viennent-elles d'Italie? On a pu le croire d'abord, mais on en doute aujourd'hui. Benvenuto n'en parle pas. Et lorsqu'on songe que l'ornement qui décore ces plaques de cristal émaillé — bouquets symétriques, arabesques fleuries, feuillages semés d'oiseaux ou de bestioles — semble inspiré par les modèles d'Étienne Delaune, on est tenté d'y voir le produit d'un atelier français. Mais où donc était cet atelier? quel maître habile le dirigeait? On l'ignore, &, à moins qu'une découverte inespérée ne vienne sur ce point faire la lumière, nous sommes sans doute condamnés à l'ignorer longtemps encore.

PAUL MANTZ.

# PLAT D'URBINO

## XVI<sup>e</sup> SIÈCLE

Diamètre...................... o<sup>m</sup>,46

*( Collection de M. le baron James de Rothschild. )*

UEL que soit l'accord qui règne entre la forme du plat que nous empruntons à la magnifique collection de M. le baron James de Rothschild, & la décoration qui revêt cette pièce, il est impossible de ne point reconnaître que l'on est ici en présence d'une œuvre de la fin du seizième siècle. Ce n'est ni l'abondance des commencements de la Renaissance, ni la délicatesse de son apogée : c'est la surcharge de son déclin qu'on y remarque.

Que l'on compare, en effet, le plat & l'assiette de la collection de M. le comte de Nieuwerkerke & le plateau appartenant à M. le baron James de Rothschild, pièces que nous avons déjà publiées (1), avec le plat que nous étudions ici, & l'on se rendra facilement compte des transformations opérées & du chemin parcouru.

Ce plat, qui semble avoir été destiné à recevoir une aiguière sur son ombilic, est consacré aux vertus qui sont l'essence de toute religion. La Charité est peinte en camaïeu sur l'ombilic; puis, dans deux cartouches qui, placés à l'extrémité d'un même diamètre, interrompent la frise d'enfants qui couvre le fond, la Foi & l'Espérance sont représentées de même. Le cartouche qui encadre la première est soutenu par les figures de la Force & de la Justice : ce sont celles de la Tempérance & de la Prudence qui accompagnent le second ; toutes étant caractérisées, d'ailleurs, par leurs attributs ordinaires.

(1) Vol. I, pl. 33; vol. II, pl. 55.

Mais quelle signification donner à tous ces petits anges qui, portant des vases, des livres ou des faisceaux, remplissent tout l'intervalle laissé libre de l'un à l'autre cartouche? Même incertitude à l'égard de l'autre frise qui couvre le bord, entre deux mascarons qui correspondent aux cartouches du fond. Les enfants qui la forment portent aussi des vases, des livres &, de plus, des boucliers, sur l'un desquels sont inscrites les quatre lettres s. p. q. r., si fréquentes dans les ornements renouvelés de l'antiquité romaine.

Si le sens de ces accessoires nous échappe, ceux-ci étant appliqués sur un vase qui devait avoir une destination ecclésiastique, nous devons faire remarquer l'ingénieuse distribution de tout le décor, la judicieuse différence de proportion des éléments qui le composent & la netteté des divisions des différentes parties.

Les personnages, en effet, sont plus grands sur le fond qui est plus large, que sur le bord qui est plus étroit. Puis le rang de grandes oves qui entoure l'ombilic & le cordon de rosaces qui couvre le marli établissent des divisions bien tranchées, en accord avec la structure du plat, tandis qu'un ourlet de petites oves arrête avec fermeté le contour extérieur.

C'est à l'atelier de la famille des Patanassi, d'Urbino, que l'on doit attribuer ce beau plat, dessiné comme tous ceux de la même époque par un trait brun, & modelé en bistre roux, qui donne la note dominante de la coloration, soutenue, d'ailleurs, par quelques glacis bleus, jaunes ou verts dans les fonds & sur les accessoires.

ALFRED DARCEL.

PLAT D'URBINO, XVIᵉ SIÈCLE.
Collⁿ de Mʳ le Baron J. de Rothschild.

# CRÉDENCE

## XVI<sup>e</sup> SIÈCLE

Hauteur de l'original. 3<sup>m</sup>,10 — Largeur............. 1<sup>m</sup>,20 — Profondeur......... 0<sup>m</sup>,53

*(Collection de M. Noblet.)*

E meuble que nous représentons est à proprement parler une *crédence*. Cette dénomination, qui ne fut plus guère en usage au delà du seizième siècle & qui a été reprise de nos jours par l'école de la littérature romantique, explique étymologiquement son origine & sa fonction. « Crédence » vient évidemment de *credere*, croire, avoir confiance.

Au moyen âge, les mœurs romaines avaient pénétré profondément la société française. Seul, le paysan, attaché au sol comme ces plantes qu'on ne peut déraciner, avait échappé à leur influence. La terreur de ces poisons subtils qui décimèrent les hautes classes pendant la longue agonie du double empire de Rome & de Byzance envahit, & non sans raison, l'aristocratie de notre pays. De là, à l'imitation de ce que pratiquent encore aujourd'hui les races asiatiques, l'usage de l'*essai*. Au moment du repas, les aliments & les boissons étaient déposés, dans des vases couverts, dans une armoire fermée à clef, & au moment d'être offerts ils étaient goûtés par le serviteur qui les avait découpés ou versés. La crédence était donc un meuble d'une utilité complexe, qui marque des mœurs encore rudes.

Il ne faut pas confondre la crédence avec le dressoir : celui-ci était un meuble purement de luxe, sans armoire. Sur ses gradins, recouverts de nappes ou d'étoffes précieuses, on exposait les vaisselles décoratives, les émaux, les « pourcelaines, » les vases en matières dures. Le dressoir

indique l'épanouissement de la vie civile, vers le quinzième siècle. — Le
buffet, dont le nom s'applique, dans notre mobilier, à un compromis entre
le dressoir & la crédence, était un meuble isolé au milieu de la salle
du festin. Il jetait de toutes parts, aux convives ravis, les éclairs de ses
orfévreries & de ses cristaux chargés de confitures, de pâtisseries, de
viandes rôties, d'épices & de boissons fermentées.

La crédence que nous avons sous les yeux a été achetée en Bretagne,
il y a quelques années. Quoique inspirée évidemment par un meuble
italien de la Renaissance, elle pourrait être l'œuvre d'un menuisier français. L'absence d'armoiries sur les panneaux intérieurs & sur les vantaux
de l'armoire semble indiquer qu'elle fut commandée par un riche bourgeois ou quelque dignitaire de couvent. Faut-il chercher dans cette figure
de griffon, quatre fois répétée, une allusion au nom de son premier possesseur ? Nos pères affectionnaient ces innocents calembours.

Cette crédence a conservé les traits typiques de sa destination origi-
naire : au bas, un espace vide que l'on pouvait orner de fleurs alternant
avec les bassins à rafraîchir; au-dessus, l'armoire à clef, servant à ren-
fermer les objets qui craignent la poussière ou les chocs & ne sortent
qu'aux jours de gala; puis un second rayon pour les vases de décoration, & enfin un fronton, en retraite sur la partie inférieure, pour
alléger la composition & donner de la grâce à l'ensemble.

PH. BURTY.

# MORION

## XVI<sup>e</sup> SIÈCLE

Hauteur.............. 0<sup>m</sup>,30    |    Largeur.............. 0<sup>m</sup>,24

*( Collection de M. Spitzer. )*

E beau morion est de fer forgé, repoussé & ciselé, en première main, sans doute par quelque artiste armurier de Milan.

Outre ce travail, un *azziministe* ( damasquineur ), également Italien, l'a, sur le fond du fer *en couleur d'eau,* tout enrichi d'arabesques & de réhauts d'or & *d'argent de feuille* dans quelques parties. Les sujets de figures & les motifs d'ornements à l'antique, qui le décorent en ferme relief, appartiennent, par le style de leur dessin, à la seconde moitié du seizième siècle. Sur l'une des faces latérales du timbre, qu'entoure un champ où serpentent des entrelacs de nielles gravés en creux, est représentée, parmi des accessoires fleuronnés d'or, une femme amenée devant un trône où siége un souverain portant le costume & la couronne des Césars ; sur le périmètre de l'autre face figurent deux guerriers victorieux reçus par des magistrats vêtus à la romaine.

La crête de moyenne hauteur qui, sommée par un feston de feuilles de laurier à nervures & à fruits d'or, domine le timbre, présente sur ses deux côtés un médaillon où se voient des cavaliers combattant ; leurs armes sont relevées de damasquine & de dorure.

Ces sujets, qu'encadrent, sur fond d'or *greneté,* des *bandes,* des *rouleaux* & des *cartouches,* sont pris entre deux dragons ou chimères dont la queue écaillée d'or s'enroule en sortant d'un culot de feuillage.

Des rebords plats inclinés, relevés de profil en pointe de croissant & tout ornés de trophées de musique & de guerre, damasquinés sur ferme relief ciselé, complètent l'ensemble de ce splendide casque.

Cette précieuse pièce d'armurerie, qu'on a pu voir, avec quelques autres belles armes appartenant à M. Spitzer, figurer dernièrement, comme œuvre de premier ordre, dans les vitrines de l'histoire du travail (section italienne à l'Exposition universelle), fut trouvée vers 1850 en Provence, au fond d'un puits desséché.

Après avoir appartenu à M. Ernest de Rosière, ce casque fait maintenant partie de la luxueuse collection d'armes de la Renaissance, rassemblée, depuis quelques années, par M. Spitzer.

ÉDOUARD DE BEAUMONT.

# TABLE

## BOIS DE FER ET ÉMAIL. — TRAVAIL CHINOIS

### XVIᵉ SIÈCLE

Hauteur de l'original............... oᵐ,84
Largeur......................... oᵐ,67

( *Collection de M. le baron James de Rothschild.* )

VANT de décrire ce morceau, l'une des merveilles accumulées dans le château de Ferrières, disons un mot de l'ameublement chinois & de la destination probable d'une œuvre aussi exceptionnelle.

Le palais chinois, succession de vastes salles souvent ouvertes à tous les vents, brille par la nudité presque absolue de ses murailles intérieures; si des tuiles vernissées le recouvrent, si le rang du prince qui l'habite permet à l'architecte d'employer, dans la décoration des portiques sculptés, le vermillon, l'or, ainsi que les revêtements en porcelaine & les balustrades ajourées, rien, sauf des vases à fleurs, de rares étagères chargées de pièces honorifiques ou précieuses, quelques paravents aux brillants feuillets de laque, des rouleaux peints ou inscrits de sentences, ne rappelle cette abondante opulence qui règne dans les demeures européennes.

Il est pourtant deux pièces où cette règle d'excessive simplicité est parfois enfreinte : c'est la salle de réception, puis la salle des Ancêtres, sanctuaire de la religion véritable des peuples du Céleste Empire.

Examinons donc si la table qui nous occupe paraît destinée plutôt à l'un qu'à l'autre de ces deux refuges du luxe. D'abord, ce n'est pas un meuble impérial, car aucun des dragons qu'on y a représentés n'est armé des cinq griffes réglementaires. Le seul emblème sacré semé dans l'ornementation est le *wan-tse,* le signe mystique des *dix mille choses,* ou de la création terrestre.

Sur la base à moulures chargée, au centre, d'un support en forme de fleur d'hibiscus, s'élèvent quatre pieds entièrement revêtus de plaques d'émail; ils sont couronnés d'une tablette découpée servant d'assise à l'axe du meuble, succession de moulures bien profilées interrompues par un nœud cubique, & portant, au sommet, une sorte de croix de Saint-André ou sautoir destiné à s'insérer dans les rainures de la tablette supérieure. Cette tablette, plus grande que la première, également découpée & à rebord saillant, est entourée d'une plate-bande verticale dont les angles forment pendentifs.

L'encadrement, émaillé en jaune, est à mosaïque; il est interrompu par quatre réserves en bleu–turquoise renfermant chacune deux dragons affrontés séparés par une fleur ornementale; le carré central, un peu en contre-bas, a pour motif principal une rosace à huit pointes, fond bleu-turquoise, où s'agitent, en s'enroulant de leurs replis, cinq dragons chevelus aux cornes menaçantes. C'est autour de cette rosace qu'existe une élégante mosaïque en pavage dont chaque carré central porte le *wan-tse.*

Tous les émaux, vifs & harmonieux, relevés par le fin contour des cloisons dorées qui les maintiennent, forment, avec le bois, un ensemble splendide. Or, cette table ne saurait être un meuble ordinaire; en Chine, il n'appartient pas même à la richesse de satisfaire ses caprices en empiétant sur les droits des classes officielles. L'homme pour lequel ce meuble a été fait, & qui n'était fonctionnaire ni de premier ni de second ordre, a dû commander ou recevoir cet ouvrage pour servir de support ou d'accompagnement à un vase honorifique destiné à récompenser une action d'éclat ou de longs services. Dès lors, c'est dans la salle de réception officielle, à la place d'honneur & probablement sur une estrade, que devait se trouver la magnifique œuvre qui nous occupe. Le vase était placé sur la rosace, dont les dragons deviennent un emblème sacré; le socle inférieur devait recevoir une coupe chargée de fleurs ou un plat contenant des fruits odorants, tels que le cédrat main de Fo.

Ainsi offerte aux respects de tous, la récompense impériale attirait sur celui qui en était l'objet une considération méritée, & rien ne pouvait être jugé trop brillant pour mettre en relief cette distinction enviée.

ALBERT JACQUEMART.

TABLE ÉMAIL, XVI<sup>E</sup> SIÈCLE.

Coll<sup>on</sup> de M<sup>r</sup> le Baron J. de Rothschild.



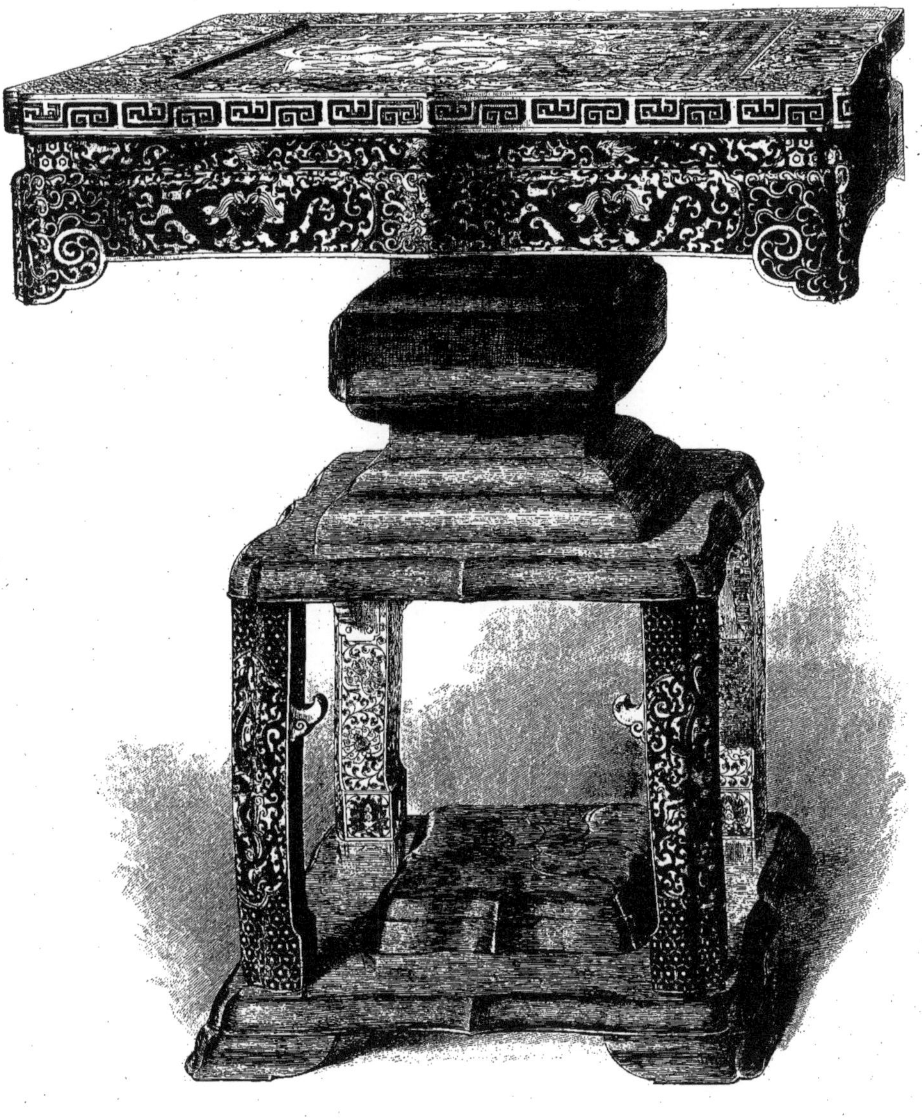

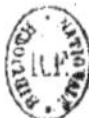

Imp. Delâtre, Paris.

Imp. Dulcère, Paris.

# GRÈS-CÉRAME

Hauteur de la pièce du milieu...   0<sup>m</sup>,395

( *Musée du Louvre.* )

N désigne sous le nom de Grès-cérame une poterie à pâte serrée, dure, sonore & essentiellement
opaque, dont le grain généralement très-fin peut
être recouvert d'une glaçure.

Les grès anciens se classent en trois principaux groupes portant chacun, non-seulement un
cachet particulier de nationalité, mais encore un
système décoratif qui, sans être absolus, peuvent cependant
servir à reconnaître chaque lieu de fabrication.

En effet, tandis que la Hollande, sobre d'ornementation, se
contente d'imprimer en creux certains sujets sur une terre naturelle,
blanchâtre, & sans couverte ( *la canette de gauche* ), Nuremberg &
Cologne, visant plus à l'effet, ornent généralement leurs grès, d'une
forme beaucoup moins simple, d'émaux de diverses couleurs ( *le vase
placé au milieu* ). Quant à la Flandre, ses produits, tenant, comme
simplicité d'ornementation, le milieu entre ceux de la Hollande & ceux
d'Allemagne, se distinguent principalement par un bel émail bleu ( *le pot
placé à droite* ).

La fabrication des grès-cérames ne commença, dit-on, à être pra-
tiquée en Europe que vers le commencement du quinzième siècle, &,
suivant la chronique, ce serait en Hollande qu'elle aurait pris naissance.

Suivant la légende hollandaise qui, encore aujourd'hui, est admise comme
fait historique, Jacqueline, comtesse de Hollande, fille de Guillaume VI &

de Marguerite de Bourgogne, avait été incarcérée (la légende ne dit pas pourquoi) en 1425, par ordre de son père, dans le château de Reilingen. Moins poétique que tant d'autres jeunes princesses qui, retenues prisonnières dans de hautes tours à créneaux, charmaient les longues heures de la captivité, soit en jouant de la guitare, soit en chantant des lais plus ou moins langoureux, Jacqueline, qui peut-être n'avait pas appris la musique, passait son temps à fabriquer des vases de grès qu'elle lançait par sa fenêtre. De ce fait, toujours suivant la chronique hollandaise, la preuve que ce fut Jacqueline qui, n'ayant rien de mieux à faire, non-seulement inventa la fabrication des grès-cérames, mais qu'elle la popularisa en jetant ses produits sur la tête de ses vassaux.

Une légende de plus ou de moins ne pouvant amener aucune perturbation dans la marche de notre planète, admettons celle de dame Jacqueline, jusqu'au jour où une autre, peut-être meilleure, viendra lui succéder.

A. SAUZAY.

# LES NOCES

PAR

## ALDEGREVER

TRAVAIL ALLEMAND DU XVI<sup>e</sup> SIÈCLE

Hauteur...................... 0<sup>m</sup>,255
Largeur....................... 0<sup>m</sup>,178

( *Collection de M. le comte de Nieuwerkerke.* )

'EST-CE pas une idée charmante que celle de ces médaillons, de ces lames de pierre lithographique qui gardaient en leurs fines sculptures & consacraient le souvenir des noces dans l'Allemagne du XVI<sup>e</sup> siècle? Le sujet que nous reproduisons ici n'appartient pas à la suite des douze sujets analogues, connus sous le nom des *Danseurs de noces*, gravés en 1538 par Aldegrever. Ce n'est point seulement la différence des dates qui motive notre opinion à cet égard. En effet, bien que le monogramme, situé dans l'angle droit supérieur, porte la date de 1531, il n'eût pas été impossible d'expliquer cet écart de sept années entre deux morceaux d'une même suite. Mais on remarquera que celui de la *Collection Sauvageot*, gravé par M. É. Lièvre dans un précédent ouvrage, est beaucoup plus petit que celui-ci. Il n'a que 15 centimètres de hauteur sur 10 de largeur. On peut donc considérer l'œuvre que nous publions aujourd'hui comme une œuvre isolée. Elle est d'ailleurs d'une rare finesse. Le jeune couple s'avance, la main dans la main, avec toute la grâce de la jeunesse. La pureté des profils, l'élégance des attitudes, la précision des moindres détails dans les ajustements, dans les orfévreries, dans les armes, rien n'échappe à la densité de ce calcaire au grain serré, connu en Allemagne sous les noms de *Speckstein* & *Kelheimerstein*. Augsbourg & Nuremberg avaient conquis une réputation spéciale dans ce genre de sculpture, où nous apparaissent, à travers les siècles, les mœurs, la vie intime, les doux propos, les aurores de la vie à deux, toutes ces délicatesses de sentiment que le génie des artistes du Nord excelle à traduire. Aldegrever, né en 1502, à Soest, en Westphalie, se montre dans cette page exquise le digne élève de son maître, Albert Dürer.

ERNEST CHESNEAU.

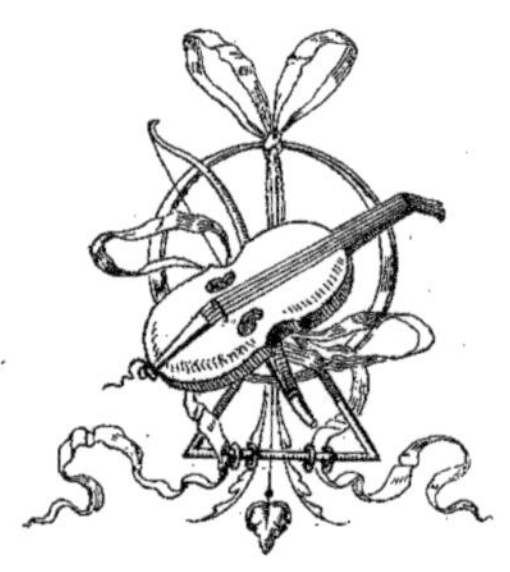

# VASES

## EN CRISTAL DE ROCHE

### XVI⁰ SIÈCLE

Hauteur, n° 1. 0^m,12.  |  Hauteur, n° 2. 0^m,22

*( Collection de M. le baron James de Rothschild. )*

ANS tous les pays & dans tous les temps, les lapidaires, ardents à façonner les gemmes les plus rebelles, ont aimé à tailler & à graver le cristal de roche. Sans parler de l'antiquité & des peuples de l'Orient, qui ont excellé dans ce jeu difficile, nos artistes ont toujours tenu à honneur d'assouplir cette noble matière qu'un vieil auteur considère comme « de la glace endurcie par moult de temps. » Sous Charlemagne, & même avant lui, le cristal, arrondi en cabochon ou taillé en table, décore la couverture des évangéliaires, &, mêlé aux pierres les plus précieuses, il enrichit les pièces d'orfévrerie d'église. Les lapidaires employés par Suger en faisaient un fréquent usage, &, à la fin du treizième siècle, la corporation des « cristalliers » ou « ouvriers de pierre de cristal » apparaît, avec ses obligations & ses priviléges, dans les statuts des métiers de Paris. Pendant tout le moyen âge, les textes anciens identifient presque toujours le cristal avec le « béricle, » &, comme l'a justement remarqué M. le marquis de Laborde, ce n'est guère qu'à dater de l'époque où les verriers de Venise parvinrent à perfectionner le cristal artificiel que, pour éviter toute confusion entre l'œuvre de la nature & l'œuvre de l'industrie humaine, les mots « cristal de roche » entrèrent dans le langage.

Deux siècles, le quinzième & le seizième, se sont, plus que tous les autres, passionnés pour cette dure matière. L'inventaire du duc de Bretagne (1414), celui du duc de Berri (1416), les comptes des ducs de Bourgogne depuis Jean sans Peur jusqu'à Charles le Téméraire nous révèlent l'existence d'un grand nombre de pièces de cristal de roche façonnées en aiguières ou en hanaps, qu'enrichissaient des montures d'argent doré. Ces documents font même mention de figurines sculptées en ronde bosse. Au seizième siècle, au moment où Valerio Vicentino, Giovanni Bernardi, d'autres encore, multiplient leurs chefs-d'œuvre délicats, le cristal n'est pas seulement taillé sous la forme de vases, de cassettes ou de drageoirs, il est très-souvent gravé & incrusté d'arabesques d'émail. Ce fut là pour les « cristalliers » l'époque heureuse entre toutes : on peut voir des preuves de leur talent au Louvre, dans la galerie d'Apollon, comme au Trésor impérial de Vienne & au cabinet des Gemmes, à Florence.

Cette habileté des ouvriers du cristal, on peut la constater aussi chez M. le baron James de Rothschild. Les deux pièces que nous empruntons à sa collection datent du seizième siècle. L'une est un vase de petite dimension que décorent des anses de métal ciselé & aux flancs duquel s'applique, en formant un léger relief, un ornement d'émail enrichi d'une pierrerie. L'autre est une sorte d'amphore aux proportions élégantes & correctes : étroite dans sa partie supérieure, elle va en s'élargissant vers la base, qui, selon la mode du temps, est entaillée de larges godrons. Des anses en volute s'attachent au goulot & descendent symétriquement jusqu'au milieu du vase comme pour en accuser la grâce allongée. Une guirlande de fleurs & de feuillages ciselés s'enroule autour du pied. Des arabesques gravées en creux inscrivent dans le cristal leurs méandres assouplis. Ce travail, sobre & fin, restera comme un exemple. L'artiste a pensé avec raison que, pour décorer une matière qui emprunte à sa transparence un semblant de légèreté, un ornement léger devait suffire.

PAUL MANTZ.

# MÉDAILLONS

## D'HOMME ET DE FEMME

### TRAVAIL ALLEMAND DU XVIᵉ SIÈCLE

Hauteur...................... 0ᵐ,11
Largeur...................... 0ᵐ,15

*( Collection de M. le baron Anselme de Rothschild. )*

E double portrait d'un jeune ménage qui, assis dans une galerie, se contemple silencieusement & se jette, pour l'éternité, de tendres regards, figurait à la vente de la célèbre collection Pourtalès. La justesse du dessin, l'intimité des physionomies, la finesse & la largeur de l'exécution, y sont telles, que le catalogue attribuait ce panneau, malgré l'absence de monogramme, au plus grand artiste de l'Allemagne, à Albert Dürer. La date deux fois répétée, MDXXVII, s'accorderait au besoin avec cette attribution, puisque Albert Dürer n'est mort que dans l'année suivante, 1528.

Mais l'action de tailler le bois est minutieuse & ardue. Rien n'établit qu'Albert Dürer ait effectivement manié le ciseau & la râpe. Il est plus vraisemblable que ces panneaux, ces médaillons en bois ou en pierre lithographique, dont les plus rares & les plus frappants portent, il est vrai, le monogramme de Michel Wolgemuth, ou d'Albert Dürer, ou d'Aldegraver, ont été ébauchés, ciselés, polis sous les yeux & d'après les compositions de ces maîtres.

L'art de tailler le bois remonte très-haut en Allemagne & dans les Flandres. Sans doute il prit naissance dans ces vallées du Tyrol & de la Suisse où les bergers le pratiquent encore, pendant les interminables soirées de l'automne & de l'hiver, dans le chalet bloqué par la neige. De tout temps, Nuremberg, — patrie des poupées, des montres

& de ces ménageries fantasques qui font la joie de l'enfance, —
Nuremberg a taillé le sapin & le chêne. La mode des retables d'autels
à scènes multiples, groupant des cavaliers & des bergers, des anges
& des martyrs, fut introduite en France par les ducs de Bourgogne.
Ils la tenaient des Flandres. Jusque-là nos meubles civils ou religieux
n'offraient que des profils simples, des plans unis décorés de rinceaux
peu compliqués ou d'étoffes peintes & dorées en applique.

C'est au génie allemand, si pénétré des joies & des traditions du
foyer, si porté à rendre dans les arts les caractères propres à chaque
individualité, qu'il appartenait de traduire, en sculpture, le portrait avec
plus de familiarité que ne le comportent la statue & le buste de marbre
ou de bronze. Il inventa ces profils, grands comme des miniatures,
& qu'un léger relief rend plus expressifs qu'un dessin au crayon ou
même une peinture. Les premiers médaillons en cire, italiens & français,
mais coloriés au naturel, furent vraisemblablement modelés sous l'influence
de ceux-ci.

Au commencement du seizième siècle, Augsbourg faisait à Nuremberg une vive concurrence. Les portraits de Nuremberg étaient généralement incisés dans cette pierre de soufre qui est d'un grain très-serré &
que nous appelons aujourd'hui pierre lithographique. Ceux d'Augsbourg
sont le plus souvent taillés dans le bois. Les artistes qui les ont modelés
avaient un sentiment de la nature plus fin que leurs rivaux. C'est
vraisemblablement dans cette ville d'Augsbourg qu'ont dû être exécutés
ces deux aimables profils de Jacob Herbrot & de sa femme Marina
Kraeter. Tous deux étaient jeunes (le mari a 32 ans & la femme 26);
ils étaient riches, leur costume le prouve autant que la douce satisfaction
répandue sur leur visage. Il est tout naturel qu'ils se soient adressés
à l'atelier le plus en renom.

PH. BURTY.

Collection de M. le Baron Anselme de Rothschild.

Imp. Lefman, Paris.

# COUPE ÉMAILLÉE

## PAR LÉONARD LIMOSIN

Hauteur.................... 0<sup>m</sup>,18

*( Collection de M. le baron James de Rothschild. )*

ÉONARD LIMOSIN, entraîné par son talent vers les parties supérieures de l'art de l'émaillerie, semble s'être moins exclusivement livré que ses contemporains à l'exécution de la vaisselle émaillée qui est si abondante, au contraire, dans l'œuvre de Pierre Reymond. On possède de lui, cependant, quelques morceaux dans ce genre, mais il y règne une certaine simplicité relative dans la forme, comme s'il lui eût plu de retrouver toujours les surfaces les plus étendues afin d'y promener à l'aise sa pointe ou son pinceau.

Telle est la belle coupe appartenant à M. le baron James de Rothschild, qui était exposée sous le n° 2905 dans les galeries de l'Histoire du travail, lors de l'Exposition universelle de 1867 : coupe de mariage probablement, puisqu'elle porte à l'intérieur deux écus d'armoiries alliés qui doivent être l'un du mari : « *de gueules au lion d'or accompagné de deux étoiles de même;* » l'autre de la femme : « *d'azur aux trois tours d'argent.* » Ces deux écus sont les seules parties polychromes de la décoration de cette pièce qui est toute en grisaille, sans aucun rappel des tons qui les colorent.

Nous n'avons pas besoin de décrire les combinaisons que forment les légères arabesques feuillagées au milieu desquelles voltige un amour, ni les lacs symboliques qui réunissent les deux couronnes où sont inscrits les deux écus & que soutiennent deux enfants drapés.

La date 1548, inscrite dans un cartel, nous montre que nous avons affaire ici à une œuvre des premières années de Léonard Limosin.

Le revers de la coupe est d'une élégante simplicité. Au delà des larges feuilles entablées qui rayonnent autour de l'insertion du pied, pendent de légères bandelettes suspendues à des têtes ailées placées contre le bord. De ces têtes pendent, en outre, des trophées & une tablette portant les deux LL, monogramme du maître.

Sur la haute tige presque cylindrique qui s'épanouit légèrement pour former le pied, même système de décor, composé de grandes feuilles entablées au-dessous desquelles descendent des arabesques filiformes très-déliées.

Un ourlet blanc à dessins rouges borde le pied.

Tous ces ornements légers, délicats, sont posés du premier coup sur fond noir, & redessinés à la pointe qui accentue la forme, rectifie les contours, & donne à l'ensemble toute la liberté d'un dessin de premier jet.

ALFRED DARCEL.

# RELIURE

## XVI<sup>e</sup> SIÈCLE

Hauteur.............. 0<sup>m</sup>,15

Largeur.............. 0<sup>m</sup>,10

*( Collection de M. le marquis de Gané. )*

E volume dont la reliure est figurée en face de ces quelques mots appartient à M. le marquis de Gané, qui doit en être bien fier.

C'est un des plus élégants & des plus sérieusement distingués que nous connaissions en ce genre. Richesse grave du maroquin noir, ingéniosité de l'agencement, éclairé de distance en distance par des *ors* clairs, qui semblent être les étoiles d'une nuit en deuil : il a tout.

C'est, je ne saurais trop le dire, une merveille d'élégance triste, un livre de châtelaine veuve, mais où pointent déjà par ces sourires dorés les espérances de la fin du veuvage.

A qui a-t-il appartenu ? je ne sais. Il doit être venu après le temps où les lois somptuaires de Henri III s'étendirent du costume des seigneurs jusqu'à l'habit de leurs livres, & en firent bannir l'excès des dorures défendues.

Tout ce que perdit la richesse a profité, ici, à la grâce & à l'élégance. Ce n'est pas morne & funèbre comme les *Heures* sombres sur lesquelles Henri III faisait jeter un semis d'ossements & de têtes de mort, ni comme ce livre de prières qui passa, on ne sait comment, des mains du dernier serviteur de Marie Stuart à la bibliothèque de Saint-Pétersbourg : c'est un volume de demi-richesse & de demi-deuil, j'ajouterai de demi-manière. Celle du relieur qui l'habilla ne me semble pas, en effet, bien précise.

L'ouvrier est merveilleux, c'est tout ce que j'en puis dire. Il a pour les dispositions & l'agencement quelque chose de Clovis & Nicolas Eve, qui travaillèrent jusqu'au temps de Henri IV, & pour quelques parties du travail, notamment pour la finesse exquise de la bordure, un peu du « coup de roulette » & du tourne-main, si merveilleux dans les reliures *à petits fers* que le Gascon combina sous Louis XIII, pour le roi, pour Anne d'Autriche, pour Gaston & tous les grands amateurs du temps. Le *pointillé* manque seul. Le Gascon en fit la fortune, puis arrivèrent les reliures trop dorées de Ruette & celles tout à fait simples, qui furent appelées *à la janséniste*.

Celle-ci, avec ses légères éclaircies de dorure, tient le milieu : ce n'est pas une mélancolique reliure de Henri III, & ce n'est pas encore celle des livres de Port-Royal; mais, sauf les *ors* qui la rapprochent plus du xvie que du xviie siècle, c'est une reliure janséniste, avant le jansénisme.

ÉDOUARD FOURNIER.

# ASSIETTES

## DE FAENZA ET DE GUBBIO

### XVIᵉ SIÈCLE

Diamètre.......... 0ᵐ,26 a 0ᵐ,24

*( Collection de M. le comte d'Armaillé.)*

I. est un point sur lequel nous avons déjà plusieurs fois insisté, & sur lequel nous devons revenir. C'est que, dût-on nous accuser d'être un peu exclusif, nous trouvons que les deux assiettes empruntées au cabinet de M. le comte d'Armaillé, l'élégant & consciencieux traducteur du livre de Marryat, *Pottery and Porcelain,* satisfont davantage notre sentiment esthétique que les pièces décorées de sujets héroïques, quel que soit le talent deployé par le peintre céramiste. Car si nous pouvons admirer l'œuvre, nous devons critiquer son emploi, lorsqu'elle n'est point en rapport avec la forme, & proclamer l'infériorité de l'artiste qui l'a exécutée lorsqu'on le compare au simple décorateur.

Ce sont de vulgaires artisans qui ont orné les deux assiettes creuses à larges bords que nous publions, *scudelle,* comme disaient les Italiens du seizième siècle; mais il est impossible de mieux associer le décor & la forme, afin de faire valoir l'un par l'autre.

Dans l'une un écu « d'azur au lion d'or, » suspendu à une tête de chérubin par des lanières dont les boucles garnissent le fond, se détache sur un champ jaune clair circonscrit par deux filets de perles bistrées.

Le marly, limité lui-même par un second rang de perles, est d'un blanc gris décoré de légères palmettes alternativement orangées & d'un blanc absolu. Il tranche sur le fond de la *scudella* & sur le bord couvert

d'un bleu lapis posé au tour, ce que l'on reconnaît à la régularité de
couleur rayée de cercles concentriques.

Ce bord est décoré par enlevage d'un motif de grotesques symétriqu
quatre fois répété, portant deux fois la date 1519. Le champ de c
grotesques, qui est du blanc de l'émail sous-jacent, est modelé du côté (
l'ombre par du bleu clair, du jaune ou du bistre roux.

Un ourlet arrête le dessin sur le bord.

Le revers est décoré d'une grande étoile bleue dont les rayons (
ogive allongée sont chargés de traits bleus parallèles au bord, tandis q
des traits jaunes remplissent l'intervalle. Sous le fond, un cercle croiset
chargé d'un petit disque dans un de ses segments, semble être la marq
d'un atelier de Faenza que nous avons vue accompagnée parfois de cet
mention : *in caxa Pirota*.

La seconde assiette, plus simple dans son décor, est le produit d
mêmes procédés de fabrication, sinon du même atelier, car elle no
semble provenir de Gubbio.

Le petit génie qui occupe le fond, dessiné par un trait bleu & mode
en bistre roux, se détache sur un champ bleu clair.

Le marly est blanc lisse, limité par deux filets.

L'ornement du bord, formé de deux motifs de grotesques quatre fo
répétés, enlevés sur un fond bleu lapis, sont réchampis en jaune métalliqu
de deux tons, tandis que les tiges d'où s'épanouissent les longues feuill
déchiquetées des palmettes sont colorées en vert. C'est du vert qui colo
également l'ourlet du bord.

Le revers, décoré de quelques paraphes en jaune à reflets métalliqu
porte au centre la lettre N, monogramme de l'un des continuateurs d
maestro Giorgio, vers le second tiers du seizième siècle.

ALFRED DARCEL.

# CIMETERRE

ET

## GRAND PISTOLET

ŒUVRES DU XVI⁰ ET DU XVII⁰ SIÈCLE

1 Longueur.................. 0ᵐ,86
2 Longueur.................. 0ᵐ,83

*( Collection de M. le comte de Nieuwerkerke. )*

IMETERRE (1), en italien *Scimitarra*. Sa lame d'un seul tranchant est suivie sur ses deux plats par une large & douce cannelure. Son extrémité formant la pointe est coupante au revers échancré *à la turquesque* sous un dos épais.

La monture de fer coloré noir est finement ciselée, enrichie de feuillages & de mascarons en parties rechaussées d'or.

Un fourreau recouvert de velours complète, avec ses garnitures de fer ciselé, cette belle arme de fabrication très-purement italienne.

———

Grand pistolet tout en fer. La monture à rouet & le canon sont damasquinés d'or & d'argent dans toute leur longueur.

Les motifs d'ornements qui les décorent se composent de trophées de guerre, de palmes & de lauriers qu'encadrent des filets compliqués

_______

(1) Le Cimeterre, dont la forme vient du glaive courbe antique, la *Harpé* ou l'*Acinaces*, fut très-anciennement adopté en France sous le nom de *Basdelaire* ou *Basdelare*. On retrouve fréquemment cette arme

d'entrelacs fleuronnés dans le style français du commencement du dix-
septième siècle.

citée depuis le douzième siècle dans les lettres de rémission & les chroniques. Charles le Chauve, nous apprend
Nicolas Gilles, « toujours avoit à son costé un grand *Badelaire Turquois.* »

 « Les Turcs ayment à avoir leurs espées, qu'ils nomment Cimeterres, non pas aussi luisantes comme les
nostres, mais damasquinées, c'est-à-dire ternies de costé & d'autre. » (Belon, 1553.)

ÉDOUARD DE BEAUMONT.

Texte tiré du catalogue de la collection d'armes de M. le comte de Nieuwerkerke.

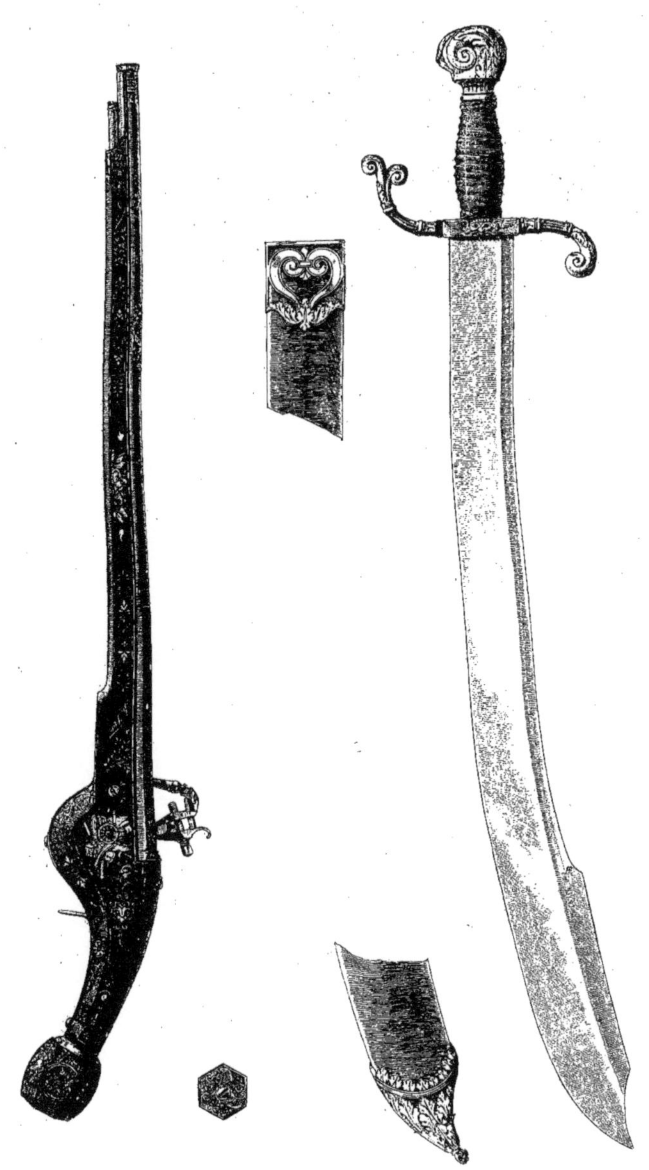

# NAPPERON EN GUIPURE

## XVII<sup>e</sup> SIÈCLE

Longueur.............. 0<sup>m</sup>,70

Largeur............... 0<sup>m</sup>,70

*( Musée de l'hôtel de Cluny.)*

os grand'mères se sont montrées savantes dans tous ces ouvrages de lingerie où l'aiguille de la brodeuse se mêlait volontiers aux fuseaux de dentellière. Pour réussir en ce travail délicat du « point coupé » ou du « point couché, » elles purent demander conseil, non-seulement à leur ingénieuse imagination de femmes, mais encore à d'habiles artistes qui ne dédaignèrent pas de leur donner des modèles. On composerait une petite bibliothèque rien qu'avec les recueils de patrons que de galants éditeurs dédiaient à celles qui pratiquaient « le noble & gentil art de l'esguille. » Ces livres vinrent d'abord d'Italie, mais ils furent bientôt imités ailleurs ; la Flandre & la France excellèrent dans la dentelle, &, après avoir reçu des conseils, elles donnèrent des exemples.

La guipure dont la planche 85 reproduit un fragment était sans doute une petite nappe destinée à recouvrir une table. Elle appartient au Musée de l'hôtel de Cluny, auquel elle a été léguée en 1862 par le docteur Ismérie Petit, & elle y fait l'admiration des femmes comme des curieux qui leur ressemblent.

Cette pièce est d'origine française & date des premières années du dix-septième siècle. La tradition lui attribue une provenance royale, sans doute à cause des fleurs de lis qu'on remarque parmi les ornements que l'aiguille y a brodés. Au centre est un large médaillon dont les bords sont ornés d'oiseaux, de vases & de branchages aux extrémités fleuries. Les quatre angles sont occupés par d'autres médaillons, de proportion moindre, dans l'entourage desquels sont semées quelques fleurs de lis, pur élément de décoration dont on exagérerait l'importance si on lui prêtait une signification historique. Des carrés, découpés à jour & de dimensions inégales, ornent le champ de la nappe. La pièce s'encadre dans une magnifique bordure à dessins symétriques, & se termine par des rosaces ajourées, destinées à retomber sous forme de franges autour de la table ou du petit meuble que recouvrait la guipure.

Un goût à la fois exquis & sévère a présidé à la composition de ce charmant travail. L'auteur, une femme sans doute, a pris soin d'alterner ce que, dans le langage des architectes, on appellerait « les pleins » & « les vides; » du blanc opposé à du blanc lui a suffi pour arriver à quelque chose qui n'est pas la couleur & qui cependant y ressemble. L'ornement ajouré gagne à se détacher sur le fond mat de la lingerie, & celle-ci devient plus légère à raison des rosaces découpées qui la décorent. Qu'est-ce à dire, sinon que l'élégance est permise aux plus humbles travaux de laiguille, & qu'on peut mettre de l'art, même dans un bout de dentelle.

PAUL MANTZ.

NAPPERON, XVIIᵉ SIÈCLE.
Musée de Cluny.

# COUTEAU

## TRAVAIL FRANÇAIS DU XVᵉ SIÈCLE

Longueur de l'original..... 0ᵐ,400

*( Collection de M. le comte de Nieuwerkerke. )*

'IL est un spécimen curieux de la coutellerie au quinzième siècle, c'est certainement celui que nous offrons, car il réunit à lui seul les deux qualités les plus recherchées, les plus rares, dans les objets de cette époque : — l'illustration de la provenance & le mérite de la composition. Sans nous arrêter à la lame, qui n'a rien d'extraordinaire, nous arriverons tout de suite au manche qui, très-élégant de forme, porte haut & bas l'écusson (1) du membre le plus illustre de cette illustre famille des ducs de Bourgogne, c'est nommer Philippe le Bon.

Entre cet écusson en émail translucide, répété deux fois, nous trouvons cette charmante devise : AVLTRE NARAY, que Philippe le Bon prit lors de son mariage avec Isabelle de Portugal.

Courtepée, dans son *Histoire du duché de Bourgogne* (tome Iᵉʳ, page 227), après nous avoir dit que ce prince avait fait graver & peindre la même devise dans tous ses bâtiments, meubles & tapisseries, nous donne cette devise en son entier, telle qu'elle se trouve aux Chartreux & à la Sainte-Chapelle de Dijon : AVLTRE NARAY TOVTE MA VIE' DAME ISABELLE.

Ce prince, toujours en l'honneur d'Isabelle, qu'il épousa le 10 janvier 1429, institua le même jour l'ordre de la Toison d'or.

# TROUSSE

## TRAVAIL ITALIEN DU XVIᵉ SIÈCLE

Hauteur de l'original...... 0ᵐ,245

Trousse en fer damasquiné or contenant un couteau &. une fourchette à deux branches, dont les manches sont décorés d'une riche arabesque en relief & dorée.

La gaîne, plate, est ornée sur chacune de ses faces d'une arabesque de même travail représentant un amour ailé tenant une palme, des trophées d'armes, des objets de science & des instruments de musique.

Si le lecteur veut bien se reporter à ce que nous allons dire de l'absence des fourchettes, sur les tables les mieux servies, jusqu'à la fin du quinzième siècle, il comprendra de quelle utilité était alors une trousse contenant un couteau & une fourchette.

(1) Aux 1ᵉʳ & 4ᵉ, de Bourgogne moderne ; — au 2ᵉ, partie de Bourgogne ancien & de *sable au lion d'or* qui est Brabant ; — au 3ᵉ, partie de Bourgogne ancien & de Luxembourg, & sur le tout de Flandre.

# FOURCHETTE A DEUX BRANCHES

## TRAVAIL ITALIEN DE LA FIN DU XVI<sup>e</sup> SIÈCLE

Longueur de l'original....... o<sup>m</sup>,262

Fourchette à manche rond, cannelé, terminé par deux branches en fer.

Cette fourchette, d'une forme très-élégante, entièrement en fer, porte des restes de dorure.

Le carré long qui, placé près du bouton, se trouve entre les deux chapiteaux, est formé par quatre plaques de corne noire décorées, deux d'une bande de fer à jour, & les deux autres de deux viroles.

Qu'un Diogène, méprisant les fourchettes, mangeât avec ses doigts, certes, là, rien qui puisse nous étonner; mais un Périclès, un Alcibiade, un Auguste! La seule pensée d'une telle anomalie devrait, certes, être traitée de calomnie, si Martial, Ovide & tant d'autres raffinés du temps ne nous rapportaient pas le fait comme la chose la plus naturelle du monde.

Le fait antique ainsi constaté, & à plus de dix siècles de distance, que faisait-on en France? — Hélas! comme en Grèce, comme à Rome, on y manga avec ses doigts jusqu'à la fin du quatorzième siècle, ou tout au moins chaque convive apportait son couvert; la preuve s'en trouve dans les inventaires dressés après la mort des plus grands seigneurs. Ici, c'est Jeanne d'Évreux, reine de France (1371), qui laisse soixante-quatre cuillers & *une* fourchette; là, c'est la duchesse de Touraine (1389), chez laquelle nous trouvons cent huit cuillers & *deux* fourchettes; lesquelles, la chose est à constater, étaient destinées, l'une à *mengier poires*, & les deux autres à *fromage rostir*.

# PRÉSENTOIR

## TRAVAIL ITALIEN DU XVI<sup>e</sup> SIÈCLE

Hauteur de l'original... o<sup>m</sup>,425

Le manche en argent, ainsi que la partie attenante à la lame, sont décorés sur les deux faces de très-riches arabesques niellées, ayant au-dessous d'elles un écusson vide.

Sur l'une des faces on lit, gravée en relief sur fond d'or, cette sage devise : NE QVID NIMIS (rien de trop), & sur les deux côtés latéraux, celle-ci, LACESCITA PATIENTIA FIT FVROR SEPE (la patience mise à bout devient souvent de la fureur).

L'usage relativement moderne des fourchettes étant constaté, il ne nous reste plus qu'à chercher à quoi pouvait servir ce couteau, à large lame mince & pliante.

Pour arriver à ce but, nous demandons au lecteur de lui entr'ouvrir pour un instant la porte d'une salle à manger des quinzième ou seizième siècles.

Le couvert est mis (1), les convives ont pris place; devant chacun d'eux est une plaque de métal sur laquelle sont superposés « trois ou quatre *tranchoirs* faits de minces tranches d'un pain bis fabriqué exprès à Corbeil; » c'est ce qui sert d'assiette. L'écuyer tranchant, ayant découpé les pièces de viande, *présente* alors à chacun des convives la part qui lui est destinée, en la laissant glisser de son *présentoir* sur les tranches de pain bis.

---

(1) Autrefois l'usage général était de *couvrir* tous les mets placés sur la table au moyen d'une grande nappe qu'on n'enlevait qu'au moment où les invités se mettaient à table. De là la locution actuelle *mettre le couvert*, locution qui n'a plus de sens aujourd'hui qu'elle ne couvre plus rien.

A. SAUZAY.

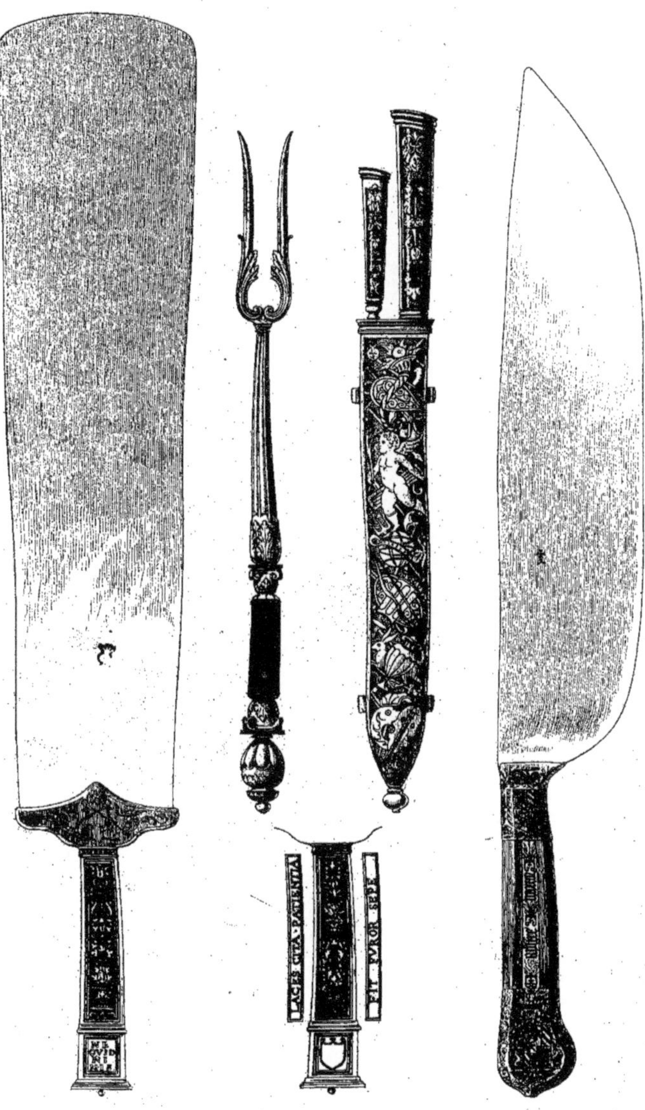
LASCHE GITA PACIENTIA
FIT FUROR EDE

# GEMMES ÉMAILLÉES

XVI<sup>e</sup> ET XVIII<sup>e</sup> SIÈCLES

Hauteur.. { N° 1....... 0<sup>m</sup>,15
            N° 2....... 0<sup>m</sup>,17
            N° 3....... 0<sup>m</sup>,10

*( Collection de M. le baron James de Rothschild. )*

ENVENUTO raconte que Federigo Ginori lui ayant un jour demandé une de ces « enseignes » qu'on attachait au chaperon, il exécuta, pour complaire à ce gentilhomme, une médaille représentant Atlas portant le ciel sur ses épaules. « Michel-Ange, dit-il modestement, vit mon ouvrage & le vanta au delà de toute expression. C'était une figure ciselée en métal : sur son dos était le ciel, représenté par une boule de cristal où j'avais gravé le zodiaque. Elle se détachait sur un fond de lapis-lazuli. On ne pourrait rien imaginer de plus beau. »

L'ingénieux motif inventé par Benvenuto Cellini était trop bien dans le goût du seizième siècle pour ne pas réussir : l'idée fut bientôt reprise par un autre artiste qui, traduisant en ronde bosse le sujet que l'orfévre florentin avait traité en bas-relief, exécuta le charmant joyau que nous avons sous les yeux.

Atlas est debout. Les nus sont émaillés de blanc; une draperie verte pointillée d'or lui sert de ceinture; les cheveux & la barbe sont dorés. Ses bras robustes supportent une sphère de cristal constellée d'étoiles & qui, divisée en deux parties par une zone d'émail bleu sur laquelle sont ciselés les signes du zodiaque, peut s'ouvrir comme une bonbonnière. L'Atlas est posé sur un socle de cristal de roche taillé à facettes & enrichi de découpures d'or émaillé. Des fleurs violettes, jaunâtres &

rouges, mêlées à des rinceaux noirs, se détachent sur un fond bleu clair
& décorent le pied du bijou, œuvre exquise du seizième siècle, évidemment inspirée par l'enseigne de Federigo Ginori.

A côté de cette pièce est placée une cuiller qui date de la même
époque.

Le manche & le cuilleron sont de jaspe sanguin, mais l'auteur de ce
joyau n'a pas manqué de relever, par l'emploi de l'or & de l'émail, la
coloration un peu sombre de cette gemme. Un buste de femme, dont les
chairs sont émaillées de blanc & qui porte un casque bleu & or, forme
l'extrémité du manche, &, comme la ligne droite aurait eu mauvaise
grâce, ce manche se rattache au cuilleron par un ornement d'or qui se
compose de deux arcs superposés. — Nous croyons ce travail italien :
l'originalité du motif, la pureté de l'exécution en font une œuvre digne
des plus habiles maîtres.

Un coffret en agate complète la planche 87. Le style ici n'est pas à
la hauteur de la matière, &, par sa forme générale, ce petit meuble révèle
une époque où la loi des formes élégantes fut un instant mise en oubli. La
monture, où le caprice manque aussi bien que la richesse, est d'argent
émaillé & doré. Un ornement courant, qui a pour motif central deux
colombes & qui dans sa coloration discrète combine le blanc, le vert &
le bleu, sert de bordure au couvercle de la boîte; au-dessous se croisent une
torche & un carquois qu'entourent des rinceaux & des feuillages émaillés
des mêmes couleurs & repiqués çà & là de quelques points roses. La base du
coffret est encadrée dans une bordure rectangulaire émaillée d'ornements
symétriques. Il est visible que, dans cette pièce, le goût décoratif est à la
fois un peu banal & timide. Le dix-huitième siècle allait finir; en devenant
vieux, il se faisait trop sage. Les folies de la jeunesse ont souvent de
tristes lendemains. Après les Vanloo, l'austère David; après les ivresses
des courbes ondoyantes & capricieuses, la géométrie, les formes carrées
& la ligne droite, qui a toutes les qualités du monde, — mais qui ne rit pas.

PAUL MANTZ.

GEMMES ÉMAILLÉES, XVᵉ ET XVIIIᵉ SIÈCLE.
Collᵒⁿ de Mᵐᵉ la Baronne J. de Rothschild.

Imp. Delâtre, Paris.

# AMORÇOIR

TRAVAIL FRANÇAIS DU XVIe SIÈCLE

Hauteur................. 0$^m$,15

Largeur................. 0$^m$,12

( *Collection de M. le comte d'Armaillé.* )

C E *Pulverin* ou *Amorçoir* est en ivoire tout enrichi de fines gravures noircies dans leur dessin ombré par hachures.

Sa face, renflée en forme de gourde, est décorée de cartouches élégamment enroulés. Ils encadrent, en pourtour, trois médaillons, sujets de figures, représentant des allégories : la Lecture, clef de toute science, le Dialecte & la Rhétorique, accompagnées chacune de leurs attributs distinctifs.

Au centre de cet ajustement, sur un médaillon légèrement bombé que cernent des filets, plane sur des nuées un petit enfant, symbolisant, sans doute, l'humanité dans son principe.

Le revers plat de ce bel amorçoir est orné de gravures dans le même style que celles qui décorent sa partie convexe. Ce sont, entourés par de pareils ornements, quatre sujets à personnages : la Musique, l'Algèbre, la Géométrie & l'Astronomie.

Ce précieux *fourniment* a été rapporté d'Italie par le comte d'Armaillé, dont la collection d'armes n'est composée que de spécimens exquis, presque tous œuvres de luxe des artisans-artistes du seizième & du dix-septième siècle.

ÉDOUARD DE BEAUMONT

Imp. Delâtre, Paris.

# PLAT DE PESARO

## COMMENCEMENT DU XVIe SIÈCLE

Diamètre.................. 0m,390

( *Collection de M. le comte de Nieuwerkerke.* )

ABITUELLEMENT attribuées, sur la foi de Passeri, aux ateliers de Pesaro, les faïences italiennes à reflets métalliques des commencements du seizième siècle semblent avoir été également fabriquées à Deruta, ainsi qu'à Chaffagiolo; de telle sorte qu'il est excessivement difficile, & le plus souvent impossible, de pouvoir faire une attribution certaine.

Se fondant sur le ton particulier de l'émail & de la couleur métallique appliqué sur des pièces de Deruta, qui n'appartiennent, il est vrai, qu'au second tiers du seizième siècle, on avait cru pouvoir distinguer entre les produits d'aspect encore archaïque de cette fabrique & ceux de Pesaro.

Lorsqu'un jaune à reflets métalliques, d'un ton très-doux tirant sur le chamois, se combinait avec un émail blanc tournant au bis, souvent craquelé, on présumait avoir affaire à une faïence de Deruta. Le reste appartenait à Pesaro.

Mais on a remarqué, sur des pièces de style absolument semblable à celle que nous publions, le sigle déjà signalé par nous de la fabrique de Chaffagiolo, tracé sur la bandelette qui porte l'inscription; de telle sorte que l'incertitude est devenue un peu plus grande qu'elle n'était auparavant. L'excès des recherches a conduit au doute, car il n'est guère possible de trouver des caractères bien tranchés entre les pièces de la fabrique des ducs de Florence, & celles que l'on continue d'attribuer à une ville où Passeri, auteur du dix-huitième siècle, dénué de critique, rapportait tout, parce qu'il y était né.

Nous serons donc très-réservé pour donner une attribution au plat que possède M. le comte de Nieuwerkerke. Le décor, en tous cas, en a été exécuté par un artiste très-habile, avec une sûreté de main qui indique une longue pratique de la peinture sur émail cru, qui n'admet ni repentirs ni retouches, & l'émail est d'un blanc parfait, sans aucune craquelure.

Comme dans toutes les pièces des commencements du seizième siècle, le trait du dessin est en bleu lapis ombré de bleu plus clair qui modèle aussi très-légèrement la tête. Ce même bleu intense couvre une partie du fond, se dégradant peu à peu à partir de la figure qui se détache sur lui. L'intérieur du champ circonscrit par le trait de contour des ajustements, des fleurs du fond, des écailles du marly, de la couronne de fleurons symétriques qui court sur le fond, est couvert de jaune à reflets métalliques, d'un ton très-doux.

Ce plat a été fabriqué pour être offert à une dame, ainsi que l'indique l'inscription tracée sur la banderole qui ondule sur le fond. Sola sperança el mio cor tene : « L'espérance seule remplit mon cœur, » semble dire l'amant devant l'image de sa bien-aimée.

Le revers est couvert d'un vernis semi-opaque d'un ton gris verdâtre, l'intérieur étant seul émaillé de blanc.

ALFRED DARCEL.

PLAT DE PESARO, XVI^e SIÈCLE.
Coll^on de M^r le Comte de Nieuwerkerke.



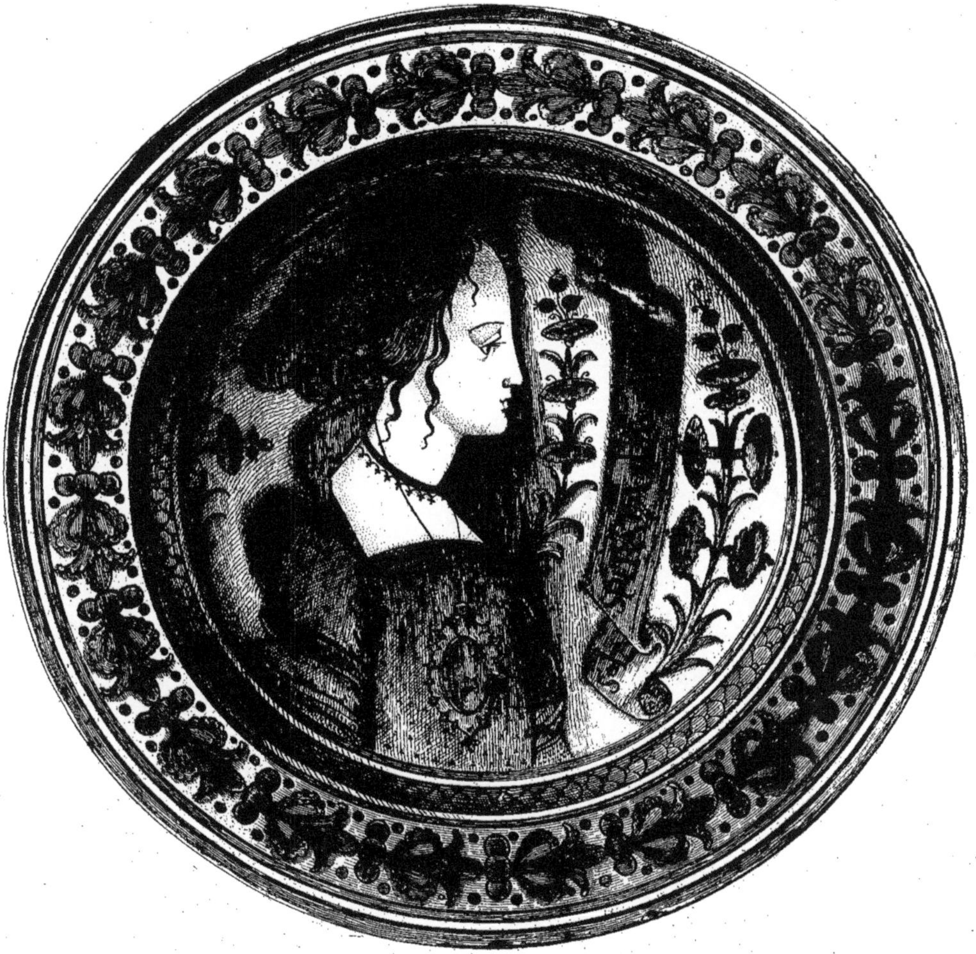

Imp. Delâtre, Paris.

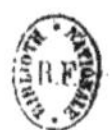

# ARQUEBUSE A ·ROUET

TRAVAIL DE LA FIN DU XVI<sup>e</sup> SIÈCLE

Hauteur.......... 0<sup>m</sup>,118

( *Collection de M. Spitzer.* )

E canon de cette splendide arquebuse est dans toute sa longueur enrichi de ciselures ; il est damasquiné d'or ainsi que la platine, le garde-rouet, le chien & la prise de détente.

D'élégants motifs d'ornements, ciselés en ferme relief, s'enlèvent sur trois points de ce beau canon.

A son extrémité, c'est une figure de femme ailée, sur-montant à mi-corps un écusson ovale à rebords découpés enroulés en cartouches.

Plus bas, quelque peu avant la culasse, est représenté une sorte de satyre à queue de triton. Cette figure tient deux cornes d'abondance dont les pointes formant serpent s'enlacent sur sa poitrine.

Puis, sur la partie qui touche à la batterie, est très-fermement sculpté dans le fer un grand mascaron coiffé de serpents & dominé par deux figures, l'une de femme, l'autre de satyre, s'élevant à mi-corps au-dessus d'une guirlande en feston de laurier.

La monture ou *encornure* de cette somptueuse arquebuse est de bois couleur fauve clair, très-finement incrusté d'ivoire. Ce sont partout des arabesques, des entrelacs, des mascarons, des figures & des feuillages.

Sur les côtés du fût sont représentés, encadrés par une bordure de cuirs enroulés, des sujets de chasse à l'ours & au cerf & des animaux de forêt mêlés à des pampres.

Au plat de la joue on voit gravé sur ivoire un combat de cavaliers; au-dessous, dans les ornements qui l'encadrent en carré, se lit ce mot : *Hercule*.

Le dieu Mars est représenté sur le tiroir à clef de rouet, & plus haut, sous *l'encornure,* est un guerrier que distingue ce nom gravé : *Hector*.

Le bout de la baguette ainsi que ses anneaux de coulisse sont d'ivoire tout gravés de cartouches & de mascarons.

Enfin sous la crosse, décorant la partie qui se pose à terre, se trouve un écusson que protégent trois bossettes saillantes & dorées.

M. Spitzer possède, entre autres armes précieuses par leur grande beauté, la plus riche collection que l'on puisse voir d'arquebuses anciennes; les douze ou quinze principales sont dignes de figurer auprès des armes à feu les plus luxueuses du seizième & du dix-septième siècle. Quelques-unes, aussi remarquables que celle que nous venons de décrire, pourraient rivaliser, comme perfection de travail, avec les arquebuses de l'arsenal de Vienne, c'est-à-dire avec les pièces les plus rares en ce genre qui sont conservées dans les musées d'Europe.

ÉDOUARD DE BEAUMONT.

ARQUEBUSE À ROUET, XVIᵉ SIÈCLE.
Collᵒⁿ de Mʳ Spitzer.

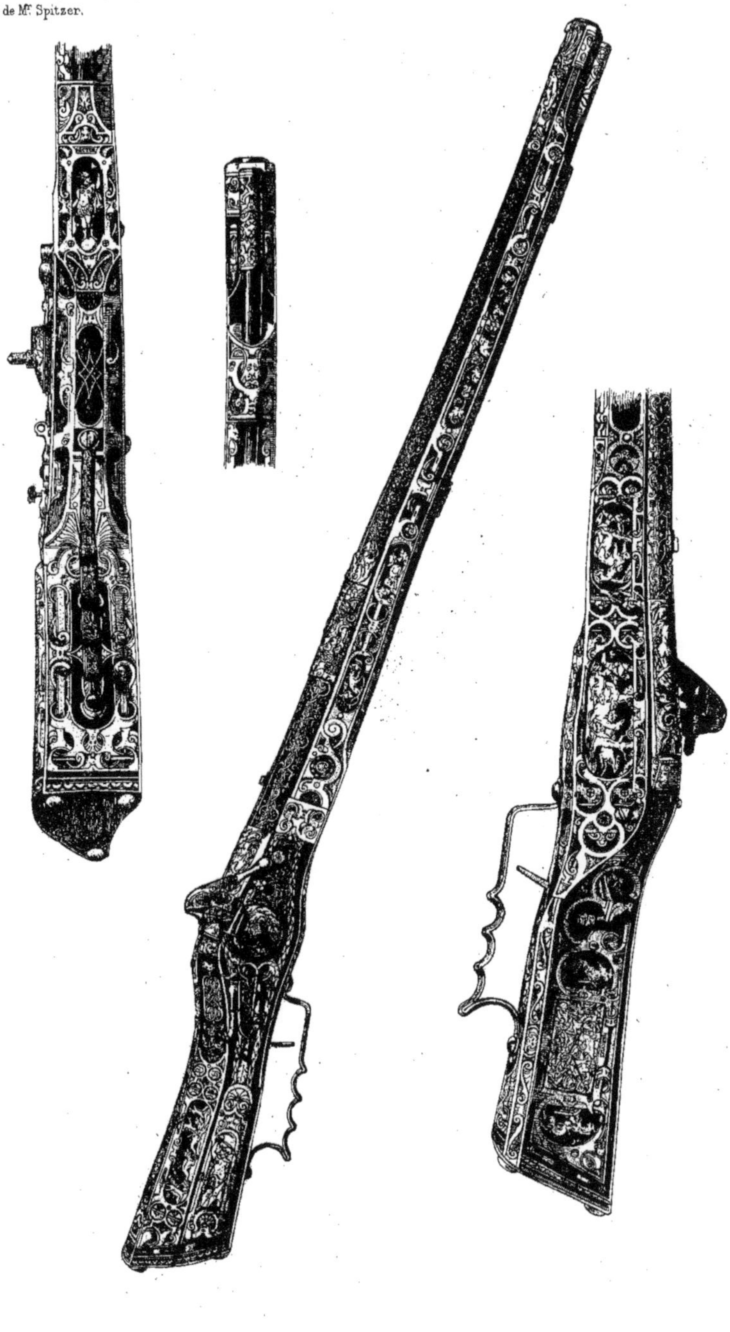

Imp.Delâtre,Paris.

# FAIENCES ÉMAILLÉES

## DE BERNARD PALISSY

### XVIᵉ SIÈCLE

Nᵒ 1. Diamètre.......... 0ᵐ, 235
Nᵒ 2. Diamètre.......... 0ᵐ, 240

*( Musée impérial du Louvre. )*

L n'est peut-être pas un artiste dont l'intégrité de l'œuvre soit plus difficile à constituer que celle de Bernard Palissy. Cette difficulté naît de deux causes : le silence absolu de l'artiste sur les travaux sortis de ses mains, & le manque total de matériaux historiques indiquant le nom de ses continuateurs & imitateurs, ainsi que la nature de leurs produits.

Si hier le doute existait, aujourd'hui, grâce à la publication des mémoires d'Héroard [1], médecin de la cour sous Henri IV & Louis XIII, le voile est déchiré, car un artiste inconnu, du nom de Guillaume Dupré, natif de Sissonne près de Laon, se présente & revendique une partie de la gloire qui pendant plus de deux siècles a été injustement donnée à Palissy.

La question est tellement importante, tellement neuve surtout, que nous croyons ne pouvoir mieux faire que d'offrir *in extenso* au lecteur les propres paroles d'Héroard, telles que M. E. Soulié les a condensées dans l'introduction de l'ouvrage [2].

« Ce n'est pas seulement à propos des portraits de Louis XIII que le journal d'Héroard nous fournit çà & là des renseignements utiles à recueillir pour l'histoire des arts, & lorsqu'il nous montre le dauphin jouant avec « *ses petits marmousets de poterie,* » le bon médecin ne se doute

1. Mémoires d'Héroard. Didot, 1868. 2 vol. in-8°.
2. Page 38 de l'introduction.

pas qu'il va jeter quelque lumière sur une question dont on se préoccupait peu de son temps, mais qui de nos jours a le plus vif intérêt pour les amateurs de curiosités. Nous voulons parler de ces nombreuses pièces de faïence française, datant évidemment du XVII<sup>e</sup> siècle & classées jusqu'à présent, faute de documents certains, sous le nom de *faïences de l'école de Palissy*. Les collectionneurs pourront désormais désigner avec certitude sous le nom de *faïences de Fontainebleau* quelques-unes de ces pièces, & entre autres le plat représentant Henri IV, Marie de Médicis portant le dauphin, & à côté d'eux Féfé Vendôme, ce frère naturel de Louis XIII dont il est si souvent question dans Héroard. Divers passages de son journal servent à reconnaître les produits de cette *poterie de Fontainebleau*, où le dauphin va fréquemment acheter ses jouets. Ainsi, le 20 mars 1608, « *il s'en va à la poterie; on lui demande ce qu'il veut. — Attendez, j'y songe : combien vendez-vous cela?* » dit-il en montrant la figure du roi. « *On lui en demande trois écus; il commande de les bailler, prend l'effigie du roi, l'embrasse, la donne à porter à sa nourrice.* » Le 7 mai suivant la princesse de Conti devait danser un ballet dans la chambre de la reine & venir après dans celle du dauphin. « *On lui propose de faire préparer une collation de petites pièces qu'il avoit prises en la poterie,* » &, le ballet fini, il mène toutes les personnes qui l'avaient dansé à sa collation; « *& de rire, & de faire des exclamations : c'étoient des petits chiens, des renards, des blaireaux, des bœufs, des vaches, des écurieux, des anges jouant de la musette & de la flûte, des vielleurs, des chiens couchés, des moutons, un assez grand chien au milieu de la table, un dauphin au haut bout, un capucin au bas.* »

« Ce petit catalogue se trouve complété à diverses reprises; ainsi, le 23 octobre 1604, le dauphin mené à la poterie « *s'y joua longtemps & voulut avoir un cheval blanc;* » le 7 novembre 1606, « *il s'amuse à mettre en bataille, file à file, toute sa compagnie de pièces de poterie, & le dauphin étoit à la tête;* » le 12 décembre suivant, « *il s'amuse à un chandelier de poterie;* » le 29 mai 1607, « *il va à la poterie, où il prend plusieurs pièces, chiens, lions, taureaux, puis revient en sa chambre où, sur le tapis du roi, il les fait combattre.* » Le 5 juin suivant, le fils de M. de Saint-Luc, âgé de quatre ans, vient dire adieu au dauphin. Héroard lui demande bas à l'oreille : « *Monsieur, vous plaît-il pas de lui donner quelque chose? — Oui, monsieur, quoi? un cheval marin (qui étoit de poterie). — Monsieur, vous plaît-il que je l'aille querir? — Oui, mais ne prenez pas celui qui est cassé.* » Enfin le 24 avril 1608, le petit duc d'Orléans, frère puîné de Louis XIII, donne à la fille de madame de Montpensier « *une petite nourrice de poterie qu'il tenoit;* » on sait que cette figure a été attribuée jusqu'à présent à Bernard Palissy. »


N° 1. Plat rond ajouré. Au centre, une marguerite émaillée blanc & bleu, cerclée de six branches feuillées brun, séparées par six palmettes émaillées vert. Autour de ce centre est un lacis bleu formant de grandes palmettes de même émail qui, reliées ensemble, contiennent chacune un mascaron coiffé d'une draperie.

Sur le bord du plat, un dessin courant émaillé gris formant chaîne.

N° 2. Plat rond à bord droit. Au centre de l'ombilic & au milieu d'un paysage, une femme (la Science?) drapée & assise sur un tertre herbagé tient de la main droite une coupe & de la gauche un livre appuyé sur la hanche. Son pied droit repose sur une couleuvre & le gauche sur un objet indéterminé. Près d'elle, & à terre, deux livres fermés. L'ombilic est entouré d'une bande émaillée bleu & brun.

Le bord droit est décoré de palmettes bleues & brunes, appliquées sur un fond uni chamois.

A. SAUZAY.

# FOURNIMENT D'ARQUEBUSE

TRAVAIL FRANÇAIS OU ALLEMAND DU XVI° SIÈCLE

Hauteur.......... 0<sup>m</sup>,24

*( Collection de M. le comte de Nieuwerkerke )*

A boîte de ce grand fourniment est à faces plates, épaisse de deux doigts, elle forme une sorte de triangle irrégulier, droit à sa base, tronqué à son sommet & échancré sur ses côtés.

La partie marquant le devant de la flasque est toute recouverte par une applique de cuivre doré, finement ciselée comme le bec d'amorce. Cette applique présente, en doux relief, des motifs de figures & d'entrelacs ajourés entre eux, s'enlevant sur un fond de velours, qui enveloppe totalement la boîte.

Au centre de cet ensemble d'ornementation, sous un dais, dont le chaperon porte les lettres I G. D L, sont représentés, avec l'Amour à leurs côtés, Mars & Vénus se tenant embrassés.

Le sujet principal est encadré par des cuirs à bandes plates, enroulés, découpés dans le style allemand de 1560, & soutenus par deux figures couchées; plus bas est un écusson chargé d'un lion rampant de gauche à droite.

Ces motifs & ces cartouches se compliquent de guirlandes de fruits

& d'élégants rinceaux, se terminant par des fleurons & des têtes casquées.

Sur les côtés de la flasque se trouvent quatre pitons destinés à la suspendre par un cordon de laine ou de soie ordinairement garni de grosses houppes frangées.

ÉDOUARD DE BEAUMONT.

Extrait du catalogue en préparation de la collection d'armes de M. le comte de Nieuwerkerke.

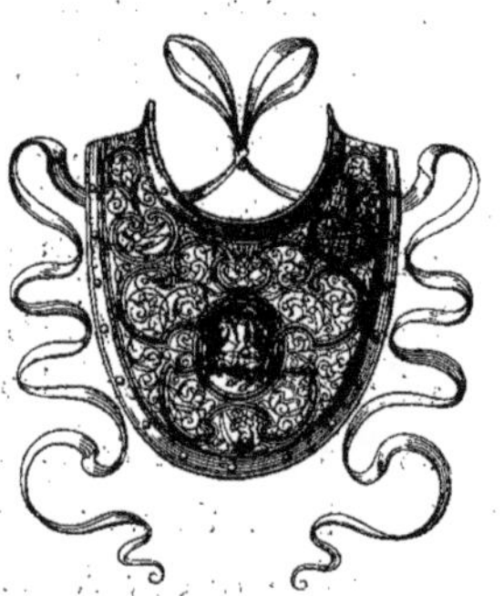

Imp. Delâtre, Paris.

# MORTIER

TRAVAIL FRANÇAIS DU XVI<sup>e</sup> SIÈCLE

Hauteur de l'original.......... o<sup>m</sup>,275

Diamètre intérieur............ o<sup>m</sup>,110

*( Collection de M. le comte de Nieuwerkerke. )*

NE voir que sa forme cylindrique, décorée sur son pourtour d'ouvertures percées à jour, rappelant par le galbe de leur ornementation la richesse du goût oriental, on est généralement convenu de regarder cet objet comme devant être nécessairement un brûle-parfums.

Cette opinion est même tellement accréditée encore aujourd'hui, que peu s'en faut qu'on ne cherche à trouver dans l'enlacement des arabesques quelques caractères indiquant, soit le harem auquel il a appartenu, soit le nom de l'heureuse sultane à laquelle il fut offert.

Comme *poésie,* cette idée est certainement charmante, mais comme *fait réel* est-elle admissible ?

Nous ne le pensons pas, & pour appuyer notre opinion il nous suffira de poser en parallèle la différence notable qui se trouve dans la construction de chacun de ces deux objets.

Les brûle-parfums se composent, comme on sait, de deux parties, l'une *pleine* qui cache une petite coque en métal, recevant un charbon ardent sur lequel on jette des matières odoriférantes; l'autre, généralement en forme de dôme, qui, *seule percée à jour,* donne issue à la fumée des parfums qui brûlent, tandis que l'objet qui nous occupe est au contraire *entièrement ajouré,* depuis sa base jusqu'à son sommet.

Une telle différence n'est-elle pas la preuve convaincante que chacun d'eux avait un usage particulier & tout à fait distinct ? En effet, comme nous venons de le dire, le brûle-parfums, sans lumière apparente, n'avait d'autre mission que celle de laisser échapper la fumée, tandis que l'autre, ainsi que sa construction l'indique, devait forcément donner issue à la lumière.

Aussi était-ce là le seul rôle qu'il avait à remplir. En un mot, ce que nous désignons sous le nom de mortier n'était autre chose qu'une veilleuse, une lampe de nuit qui, munie à sa partie basse d'un lampion de cire, donnait une certaine clarté, car, suivant Brantôme *(Histoire des Dames galantes)*, « Isabelle d'Autriche, femme de Charles IX, très-dévote & nullement bigotte, passoit une partie des nuits en prières, pensant que ses femmes ne s'en apercevoient; mais elles la voioient par l'ombre de la lumière de son *mortier* plein de cire, qu'elle tenoit allumé en la ruelle de son lict pour lire & prier Dieu dans ses *heures*, au lieu que les autres princesses & roynes le tiennent sur le buffet. »

Ce mortier repose sur trois griffes surmontées chacune d'une palmette.

Sur la panse, six ouvertures percées à jour & encadrées par un ornement plein & ciselé en relief.

Les ouvertures sont séparées les unes des autres par un ornement perpendiculaire en relief.

Sur l'un des côtés, une petite ouverture servant à introduire le lampion de cire.

Le couvercle est mobile.

A. SAUZAY.

# MONUMENT

## DE MARGUERITE DE FRANCE

BAS-RELIEF DE BRONZE DU XVI⁰ SIÈCLE

Hauteur... 0ᵐ,272  |  Largeur... 0ᵐ,227

( *Musée du Louvre.* )

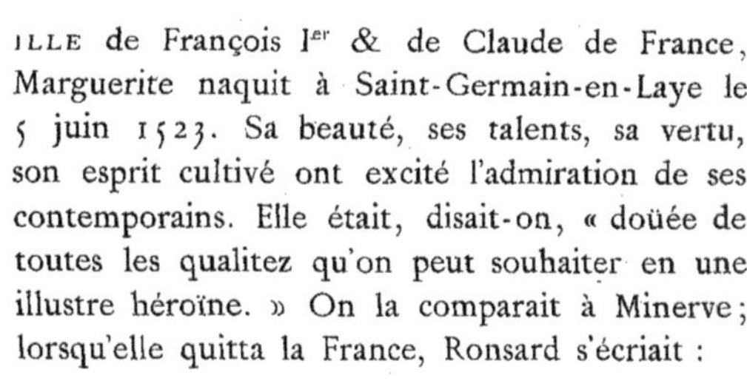

ILLE de François I<sup>er</sup> & de Claude de France, Marguerite naquit à Saint-Germain-en-Laye le 5 juin 1523. Sa beauté, ses talents, sa vertu, son esprit cultivé ont excité l'admiration de ses contemporains. Elle était, disait-on, « doüée de toutes les qualitez qu'on peut souhaiter en une illustre héroïne. » On la comparait à Minerve; lorsqu'elle quitta la France, Ronsard s'écriait :

Toujours, partout, sans repos & sans cesse,
Je chanteray cette belle déesse,
La Marguerite, honneur de nostre temps
Dont la vertu fleurit comme un printemps.

C'était en 1559; la sœur d'Henri II avait alors trente-six ans, & à la suite du traité de Cateau-Cambrésis, elle épousait le vaillant duc de Savoie, Emmanuel Philibert, de cinq années plus jeune qu'elle, mais qui, grâce à cette alliance, recouvrait ses États. Il paraît, du reste, qu'Emmanuel Philibert partageait l'enthousiasme général inspiré par la fleur épanouie qui brilla d'un nouvel éclat à la cour de Turin, où vinrent l'entourer des poëtes, des érudits, des artistes, des jurisconsultes célèbres. Marguerite de France s'attacha rapidement à sa nouvelle patrie, & devint une habile politique; elle sut obtenir de ses neveux Charles IX & Henri III divers avantages. La Savoie reconnaissante lui décerna le titre de mère des peuples, & l'on vit son effigie paraître sur la monnaie nationale, hommage réservé aux régentes.

Lorsque Henri III passa à Turin en 1574, Marguerite lui fit les honneurs de sa capitale avec tant d'empressement, elle mit tant d'activité à surveiller les moindres détails de sa réception hospitalière, qu'elle fut atteinte d'une pleurésie & mourut le 14 septembre, pendant qu'Emmanuel Philibert accompagnait le roi jusqu'à Lyon. Elle laissait un fils unique qui fut Charles-Emmanuel le Grand. Le duc de Savoie ne se remaria pas.

Le bas-relief de bronze est un monument d'admiration & de gratitude, exécuté en 1576 par les soins de Bartolomeo del Bene, gentilhomme d'origine florentine, dont le père, Niccolò del Bene, avait été maître d'hôtel de Louis XII & de François I<sup>er</sup>. Bartolomeo avait dédié à Marguerite son ouvrage intitulé : *Civitas veri seu morum,* & la duchesse donna l'abbaye de Hautecombe à son second fils Alfonse, qui depuis devint évêque d'Alby.

La plaque porte cinq sujets reliés par un cadre semé de larmes. C'est d'abord le portrait de la princesse entouré de branches de cyprès & accompagné de la légende : *Margareta a Francia Emanuelis Philiberti Allobrogum ducis conjux.* Puis, au centre, un cube chargé de couronnes de chêne, de laurier, d'olivier, de palmier, avec cette inscription : HIS SVMMAM MERVIT CELO; par les vertus & les talents que symbolisent ces couronnes, la duchesse a mérité la couronne céleste composée d'étoiles que l'artiste fait planer dans le ciel. A droite un saule éloigné de la source qui lui donnait la vie languit & se dessèche : DISCESSV LANGVET AMATAE. A gauche une touffe de marguerites qui sont maintenant sans valeur, car la première de toutes a disparu : RELIQVAS TEMNO NAM SVMMA RECESSIT. Enfin au bas de la composition, la lune, entourée d'étoiles, règne dans le firmament; mais cette image n'est ni plus élevée, ni plus brillante que la princesse tant regrettée : NEC CELSA HIC NEC CLARA MAGIS SPLENDESCIT IMAGO.

Au revers de la plaque on lit, en dix-huit lignes, l'inscription suivante, dans laquelle Bartolomeo del Bene exprime son affection & sa douleur :

D · O · M

ET

MARGARETÆ · A · FRANCIA · EMAN ·

PHIL · ALLOBROGVM · DVCIS · CONIVGI ·

INTEGERRIMÆ · BARTOLOMEVS ·

DEL BENE · PATRITIVS · FLORENTINVS ·

DOMINÆ · SVÆ · BENIGNISSIMÆ · CVIVS ·

PRVDENTIA · ET · LIBERALITATE ·

PLVRIBVS · ANIMI · ET · FORTVNÆ · BONIS ·

ORNATVS · ET · AVCTVS · FVIT · VT ·

TANTI · BENEFICII · MEMORIA ·

POSTERIS · ALICVNDE · INNOTESCERET

PARVM · FIDENS · CARMINIS · A · SE ·

COMPOSITI · DIVTVRNITATI ·

INCIDI · CVRAVIT · ET · POSVIT ·

ANNO · SALVTIS · CHRI<sup>S</sup>TIANÆ ·

M · D · LXXVI · POST · CAL · NOVEMBRIS

ANTEIVS · FECIT

Bartolomeo del Bene avait eu raison de se défier de la renommée; ses œuvres sont un peu oubliées aujourd'hui; & puisqu'il a voulu nous laisser le rare exemple d'un courtisan dont la reconnaissance survit au moins pendant deux ans à la mort de sa bienfaitrice, il a sagement agi en chargeant une tablette de bronze, une œuvre d'art, de nous transmettre l'attestation de ses louables sentiments.

ADRIEN DE LONGPÉRIER.

# ÉPÉE

## A MONTURE DAMASQUINÉE D'OR

TRAVAIL ALLEMAND DU XVIe SIÈCLE

Hauteur............... 0^m,15

( *Collection de M. le comte d'Armaillé.* )

ES gardes de cette belle épée sont toutes damasquinées d'or & de points d'argent.

L'ornementation d'ensemble se compose d'arabesques, de figures héroïques & de sujets à nombreux personnages.

Sur les deux anneaux méplats qui se développent devant la monture, sont représentés l'enlèvement d'Hélène & le siége de Troie, avec indication latine & cette date : 1535.

Au milieu de chacune des faces de la poignée, où se trouve répétée une seconde fois cette même date 1535, on voit une figure de guerrier désignée, l'une par le nom d'Hector, l'autre par celui d'Achille.

La lame allemande de cette belle rapière est d'une grande finesse de travail : elle est, dans toute sa longueur, suivie par trois fermes cannelures ouvrées en perforations à jour.

Cette arme remarquable a été rapportée, il y a quelques années, d'Allemagne, où elle passait pour avoir, avant 1809, époque du passage des Français à Vienne, appartenu à l'arsenal de cette ville.

ÉDOUARD DE BEAUMONT.

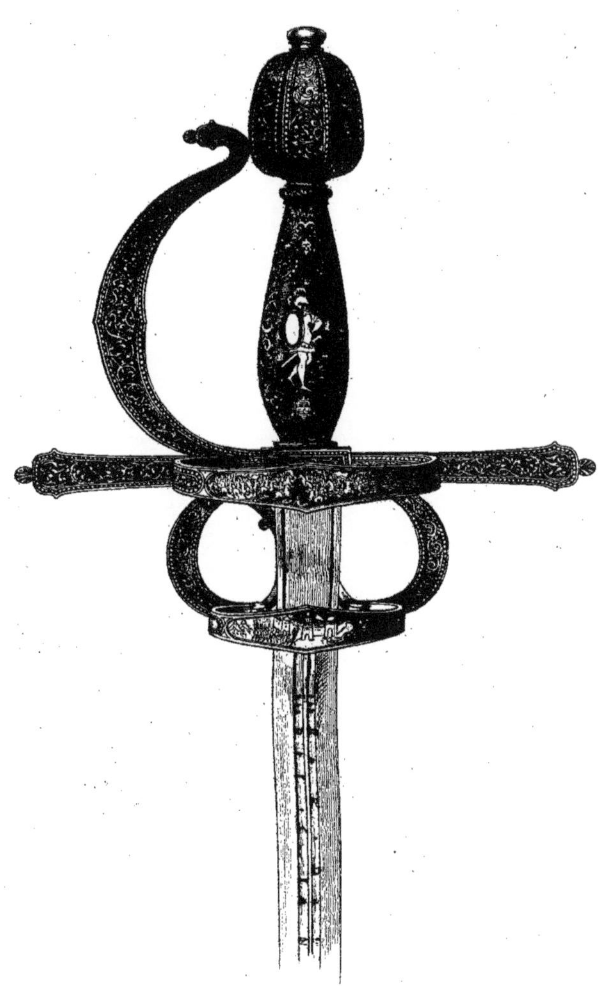

# PLAT D'URBINO

XVIᵉ SIÈCLE

Diamètre...................... 0ᵐ,46

*(Collection de M. le baron James de Rothschild.)*

N phénomène qui nous étonne à bon droit, c'est que la peinture sur faïence se soit développée au commencement du seizième siècle en Italie, & soit tombée en décadence au déclin du même siècle, quoiqu'on y adoptât un système essentielle- ment décoratif, en ce sens que l'ornement y est subordonné à la forme; tandis qu'à l'époque inter- médiaire, qui est celle du plus grand épanouissement de cette branche de l'art céramique, le décorateur promène son pinceau sur la faïence sans se préoccuper de la forme du vase qu'il couvre de ses couleurs. Le plat que nous empruntons à la collection de M. le baron James de Rothschild est une preuve nouvelle de ce fait qu'ont démontré certaines pièces d'un caractère plus exclusive- ment ornemental qui ont été déjà publiées.

Ici le bord du plat, compris entre un marly couvert d'une suite d'ovales encadrés par un ruban & un ourlet décoré d'un feston, encadre réellement le fond, tout couvert par une peinture qui n'en dépasse pas les limites.

Cette peinture représente le dévouement de Curtius. Par une ingé- nieuse hypothèse, le peintre céramiste a supposé que les Romains essayent de combler le gouffre béant au milieu du Forum, non pas avec les simples morceaux de terre dont parle Tite-Live, mais par cette terre transformée en vases dont l'atelier où il travaillait lui donnait les modèles. Mais il est possible aussi que, moins ingénieux, il ait voulu figurer par cette grande quantité d'aiguières qui accompagnent Curtius dans le gouffre, les offrandes expiatoires qu'y lancèrent les Romains.

La bordure, qui surtout nous intéresse, est empruntée aux compositions de Jean d'Udine, dont nous avons trouvé les éléments dans la décoration des pièces déjà publiées. Ce sont des camaïeux noirs séparés par des grotesques disposés symétriquement & exécutés avec une grande liberté de main.

Les Patanazzi, avons-nous dit ailleurs, étaient en possession de la faveur publique au moment où le genre des grotesques de la seconde moitié du seizième siècle florissait à Urbino. Un certain Geronimo d'Urbino, qui possédait une exécution très-large & très-hâtive, a signé aussi quelques pièces de cette époque, & c'est peut-être à lui qu'il faut attribuer le plat de la collection de M. le baron James de Rothschild.

ALFRED DARCEL.

# ÉPÉES

ACIER CISELÉ. — TRAVAIL DU XVII° SIÈCLE

1 Hauteur de la poignée.................. 0<sup>m</sup>,18
2 Hauteur............................. 0<sup>m</sup>,14

*( Collection de M. le comte de Nieuwerkerke. )*

A lame de cette rapière ou *Striscia* est poinçonnée au talon, & porte, gravés sur chaque face, dans une fine cannelure, ces mots :

*Me fecit Solingen* (1).

La monture, d'acier fourbi, se compose de longs quillons rectilignes, d'une branche courbe de gardemain, façonnée comme eux en torsade, & d'une coquille hémisphérique à bords cannelés, tout ouvrée de ciselures ajourées. Ces ciselures, de la plus grande finesse, représentent des rinceaux fleuronnés, pris par étroits rayons, entre des bandelettes montant en spirale du dessous de la coquille, en l'enveloppant jusqu'à son rebord d'ouverture.

Des ornements pareils entourent le pommeau à sommet déprimé que soutient une poignée côtelée garnie de fil étiré de fer coloré noir. Dans le fond de la coquille, au milieu d'une petite rouelle très-mince

(1) A Palerme & à Messine travaillèrent d'habiles ciseleurs & monteurs d'épées; mais les seules fabriques connues & estimées que la Sicile ait eues, en fait de lames, furent celles qui produisaient spécialement, encore en 1810, des stylets & des couteaux.

qui la double, entourée en cercle plat par des rinceaux ajourés entre
eux, se trouve gravée cette signature :

*Mors me fecit Panormi 1638.*

A l'extérieur de la monture, autour de la partie convexe entaillée
d'où sort la lame, se lisent ces mots :

*La Corona Milano 1638.*

---

L'épée qui, dans notre planche, est représentée vue sur ses deux
faces, de chaque côté de la rapière que nous venons de décrire, est une
petite épée de chasse ; sa lame à dos est finement gravée de fleurons,
de figures & d'inscriptions.

Sa monture de fer, ciselée très-délicatement & ajourée dans quelques
parties, est tout enrichie de sujets de vénerie encadrés par des filets &
des ornements qui serpentent en formant rinceaux.

Le fourreau de cette jolie arme est pourvu de ses garnitures, de
même travail que la poignée & les gardes.

ÉDOUARD DE BEAUMONT.

Tiré du catalogue en préparation de la collection d'armes de M. le comte de Nieuwerkerke.

Coll^on de M^r le Comte de Nieuwerkerke.

Imp. Delâtre, Paris.

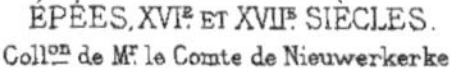

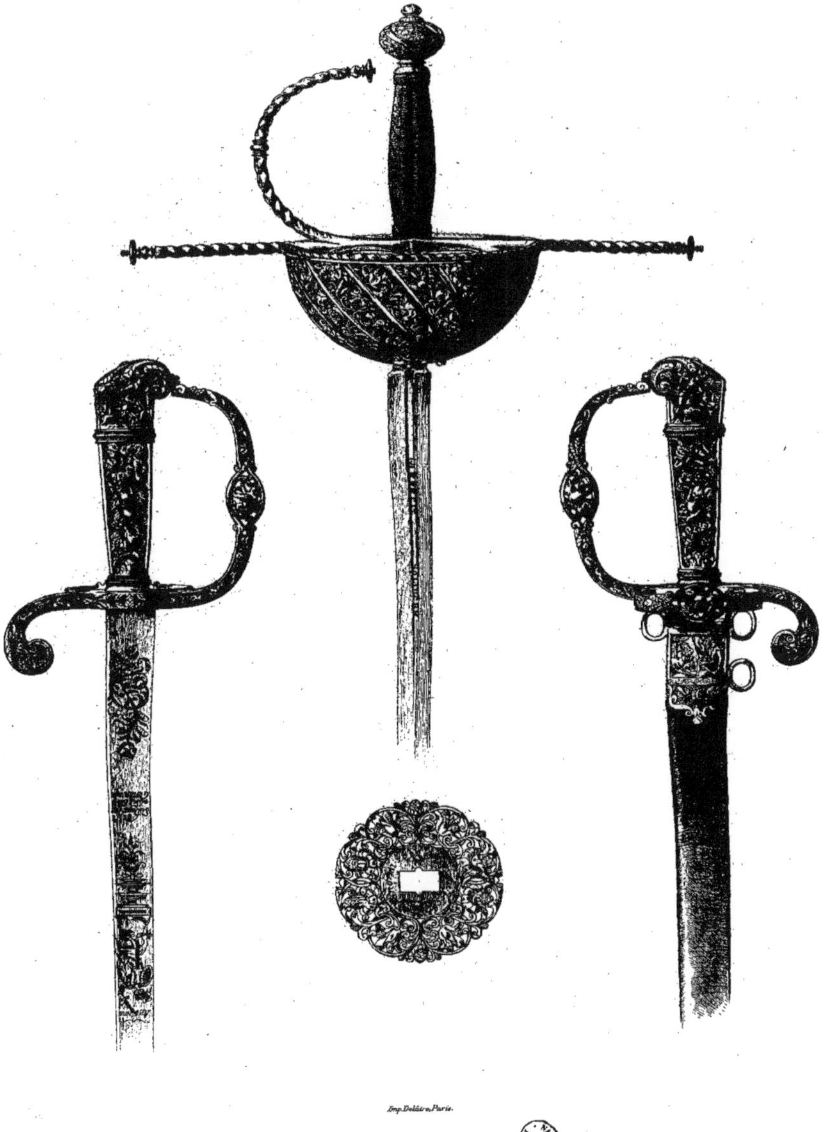

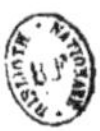

# PORTRAIT

## DE CATHERINE DE MÉDICIS

ÉMAIL DE L. LIMOSIN. —— XVI$^e$ SIÈCLE

Hauteur de l'original....... 0$^m$,71

Largeur................... 0$^m$,58

( *Collection de M. le baron James de Rothschild.* )

ES trois portraits de Catherine de Médicis qui faisaient partie de l'Exposition de l'histoire du travail, deux surtout étaient intéressants à comparer. C'étaient celui de la reine de France encore pourvue de tous les charmes de la jeunesse, lequel appartient à M. le baron Alphonse de Rothschild, & celui-ci, que possède M. le baron James.

Catherine de Médicis avait quarante-neuf ans lorsque Léonard Limosin peignit ce portrait, en 1568, ainsi que l'indique la signature placée sous le bras droit, & déjà s'accentue le type que les peintres reproduiront à l'envi dans les scènes où interviendra « l'astucieuse Florentine. »

Bien que Henri II fût mort depuis neuf années déjà, elle n'avait point encore quitté le costume de veuve, & son habillement blanc & noir est comme le commentaire de sa devise : « *Ardorem extincta testantur vivere flamma,* » qui entoure des flammes s'échappant d'un monceau de cendres.

On remarquera la composition du « carquan » qui serre le cou de la reine & de l'ornement qui borde le corsage de sa robe. Il ne peut être ici question que du C de Catherine allié à l'H d'Henri II; & cette alliance incontestable en ce portrait, si l'on se reporte à la date où ce dernier fut exécuté, ainsi qu'à la personne dont elle accompagne l'image, explique la vraie signification du monogramme si fréquent sur les monuments de la Renaissance. Quant au reste du costume, il est le même que sur les portraits des Janet & de leur école, dont les crayons doivent avoir servi de modèles aux émailleurs limousins, ainsi que le prouve celui du connétable Anne de Montmorency, possédé par le musée de Limoges & d'après lequel a été exécuté le bel émail du musée du Louvre.

Une autre preuve ressort, en outre, de la sincérité naïve & de la légèreté d'exécution de tous ces portraits qui, plus que les grisailles, méritent le nom de peintures sur émail. Le modelé, en effet, y est obtenu au moyen d'un pointillé ou de hachures de bistre roux déposés au pinceau sur le fond blanc des carnations. Seule la prunelle bleu clair des yeux est exprimée en émail coloré. Il en est de même des cheveux blonds, mais encore ceux-ci sont-ils redessinés avec une couleur plus foncée. Les détails du costume sont également exécutés au pinceau, qui s'est promené sur le fond noir de la robe pour le lampasser de capricieuses arabesques d'or.

Une belle bordure de bois doré, sertissant des plaques d'émail exécutées en grisaille, encadre l'ovale de ce portrait; imitation de celle que l'on voit autour du portrait du Connétable dont nous parlions plus haut, & des portraits de quelques personnes royales du seizième siècle que possède M. Danby Seymour, qui les avait exposés d'abord à Manchester, puis au musée de South-Kensington.

ALFRED DARCEL.

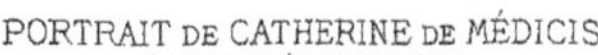

PORTRAIT DE CATHERINE DE MÉDICIS.
ÉMAIL PAR LÉONARD LIMOSIN
Coll.ᵒⁿ de M.ʳ le Baron J. de Rothschild.

Imp. Delâtre, Paris.

# BOUCLIER

## DU ROI CHARLES IX

XVI<sup>e</sup> SIÈCLE

Hauteur.................. 0<sup>m</sup>,680

Largeur................. 0<sup>m</sup>,490

*( Collections du Louvre, Musée des Souverains. )*

ETTE œuvre merveilleuse, qui détermine le haut degré de perfection que l'art de l'orfévrerie a atteint sous le règne de Charles IX, est un bouclier de parade, commémoratif d'un brillant fait d'armes. Le roi pour qui il a été exécuté ne l'a ni porté à la guerre, ni exposé dans les jeux d'un tournois, quoique ce prince, mort à vingt & un ans, ait assisté à plus d'un siége des villes de son royaume, quoiqu'il ait aimé dans sa première jeunesse les amusements qui ont été l'une des modes de son temps.

Entre les récits des fêtes, parvenus jusqu'à nous, j'en choisirai un de Brantôme, où l'on voit figurer le jeune roi, les armes à la main. « Je me souviens, dit-il, qu'après la première guerre, huit ou neuf mois après, la reine voulut qu'il se fît à Fontainebleau un fort beau mardi gras de festins, mascarades, combats & tournois. Elle commença la première le dimanche, Monsieur le lundi & le roi le mardi, là où il fut couru en lice, contre le serment pourtant de la reine, qui avait juré de n'en permettre jamais, depuis qu'elle en vit mourir le roi son mari. Les deux tenants étaient M. de Nemours & M. le prince de Condé. Le camp était devant le Chenil, très-beau certes, tout entouré de beaux fossés & barrières. Les deux tenants se tenaient dans le Chenil, qui représentait le palais d'Apollon; à l'entrée du camp, il y avait un ermitage, où se tenait un ermite qui répondait à tous les venants combattants, lorsqu'ils sonnaient une petite clochette de l'ermitage ; & après avoir parlé à eux & su leurs noms, il venait rapporter aux tenants, pour savoir s'il les laisserait entrer, ce qu'ils permettaient aussitôt, pour n'en refuser jamais (tout cela était de l'invention de la reine & du brave M. de Sépierre), & puis rompaient leurs lances &, hors la lice, donnaient coups d'épée. Notre roi (Charles IX) qui était encore fort jeune, mais pourtant fort dépité qu'il ne s'en mêlait, bien qu'il fût bon homme de cheval, en voulait fort être ; mais la reine ne voulut pas qu'il s'en mêlât, ni Monsieur aussi, qui était bien plus faible, ni si adroit que le roi. Fut avisé par la reine & M. de Sépierre que tous deux combattraient à pied en champ clos, dans lequel nous vîmes entrer le roi avec une épée & une dague forgées fort gentiment, qui paraissaient tranchantes & piquantes, mais point contre lui. Vint, avec mêmes armes, Pompée, Milanais, qui lui avait appris à danser & faire des armes. Ils tirèrent tous deux leurs coups les uns contre les autres, le roi montrant les armes si belles en la main & une assurance telle de combattant, qu'il vint à porter par terre ledit Pompée, & par feinte le tuer. Comparut après Monsieur son frère, avec une épée & une rondelle contre Silvie, son tireur d'armes, avec mêmes armes, qui en fit de même. Et vinrent après des diables qui sortirent d'entour de l'ermitage, qui prirent les morts & avec grands hurlements, feux & joies, les emportèrent... Depuis on jugea toujours les armes belles entre les mains du roi. »

Assurément elles étaient belles lorsqu'elles furent le casque avec le bouclier qui est ici représenté, méritant bien de n'être opposé qu'à des épées & dagues n'étant contre lui ni tranchantes ni piquantes.

Le revêtement du bouclier est d'or travaillé au repoussé, ciselé & gravé ; décoré d'émaux opaques, translucides & cloisonnés. La lettre K, initiale du nom du roi, Karolus (Charles), surmontée de la couronne royale, est répétée seize fois, sur la bordure, dans des médaillons de forme ovale. Une tête de Méduse, un mascaron grotesque, des figures de captifs nus & assis sur des armes entassées, des groupes de fruits, sont les principaux motifs que relient les enlacements d'un galon de broderie décrivant autour de la composition centrale un riche encadrement.

HENRY BARBET DE JOUY.

# BOUCLIER

## DU ROI CHARLES IX

REVERS. — XVIᵉ SIÈCLE

Hauteur.......... 0ᵐ,680

Largeur.......... 0ᵐ,490

*( Collections du Louvre, Musée des Souverains. )*

NE housse de velours rouge brodée d'or recouvre entièrement le revers du bouclier; l'artiste pour qui je tiens la plume en a habilement reproduit le dessin, mais avant d'en parler il me reste à décrire le sujet principal de l'œuvre d'orfévrerie. Aussi bien est-il commémoratif d'un acte auquel est joint avec honneur le nom français.

L'an 1565, cinquième du règne de Charles IX, trois cents gentilshommes & huit cents soldats sortirent de France pour aller combattre les infidèles. Ils allaient au secours de Malte, attaquée par Soliman II. Jean Parizot de la Valette, grand maître de l'ordre, les accueillit avec distinction &, après la levée du siége, envoya des ambassadeurs à tous les princes chrétiens pour leur annoncer son heureuse victoire & délivrance. Pour Charles IX, ce fut le chevalier de la Roche, qui trouva le roi à Tours au Plessis. Lorsqu'il eut conté tout au long les particularités du siége, le chancelier de l'Hospital fit remarquer « qu'en trois gros signalés siéges qu'ont soufferts les braves chevaliers de Saint-Jean, des infidèles & des Turcs, les grands maîtres qui ont dans leurs placés commandé ont été tous Français; » & il nomma le grand maître d'Aubusson, puis l'Isle-Adam, défenseurs de Rhodes; le troisième, Jean Parizot. Catherine de Médicis répondit : « Vraiment, M. le chancelier, voilà une observation très-belle & digne d'être remarquée &

recueillie ; & se tournant vers le roi la lui fit noter, & le grand honneur que ce lui était, & à son royaume & règne. »

Ce fait d'armes glorieux est celui qui est représenté en bas-relief, au centre du bouclier d'or de Charles IX, & l'épisode particulier du siége de Malte, dont l'artiste a voulu consacrer le souvenir, est l'attaque & la défense de la porte de Castille. L'on voit le croissant des infidèles sur l'étendard que portent les assiégeants, mais tous les détails d'une lutte acharnée présagent leur défaite. Quel mécréant pourrait résister à l'ardeur française dont sont animés les cavaliers, armés à l'antique, qu'on voit combattre au premier plan ? quel saurait échapper aux gentilshommes armés de toutes pièces, le casque en tête, la lance au poing, qu'on remarque en observation, formant un groupe derrière les tentes qui cachent les soldats de leur suite ?

La garniture, assez semblable à des barbes de plume, que l'on peut apercevoir, sur le dessin du graveur, dépassant les bords du bouclier, est l'extrémité d'une épaisse frange de soie rouge, comprise entre deux franges d'or très-fines, qui borde comme une fourrure la housse de velours rouge brodée d'or que représente la planche 100. Le travail manuel de cette étoffe décorée à l'aiguille n'offre rien de particulier ; tous les points en sont connus, ont été de tout temps en usage & le sont encore aujourd'hui ; mais un art parfait distingue le tracé du dessin & l'on ne saurait trouver un plus élégant modèle de broderie.

HENRY BARBET DE JOUY.

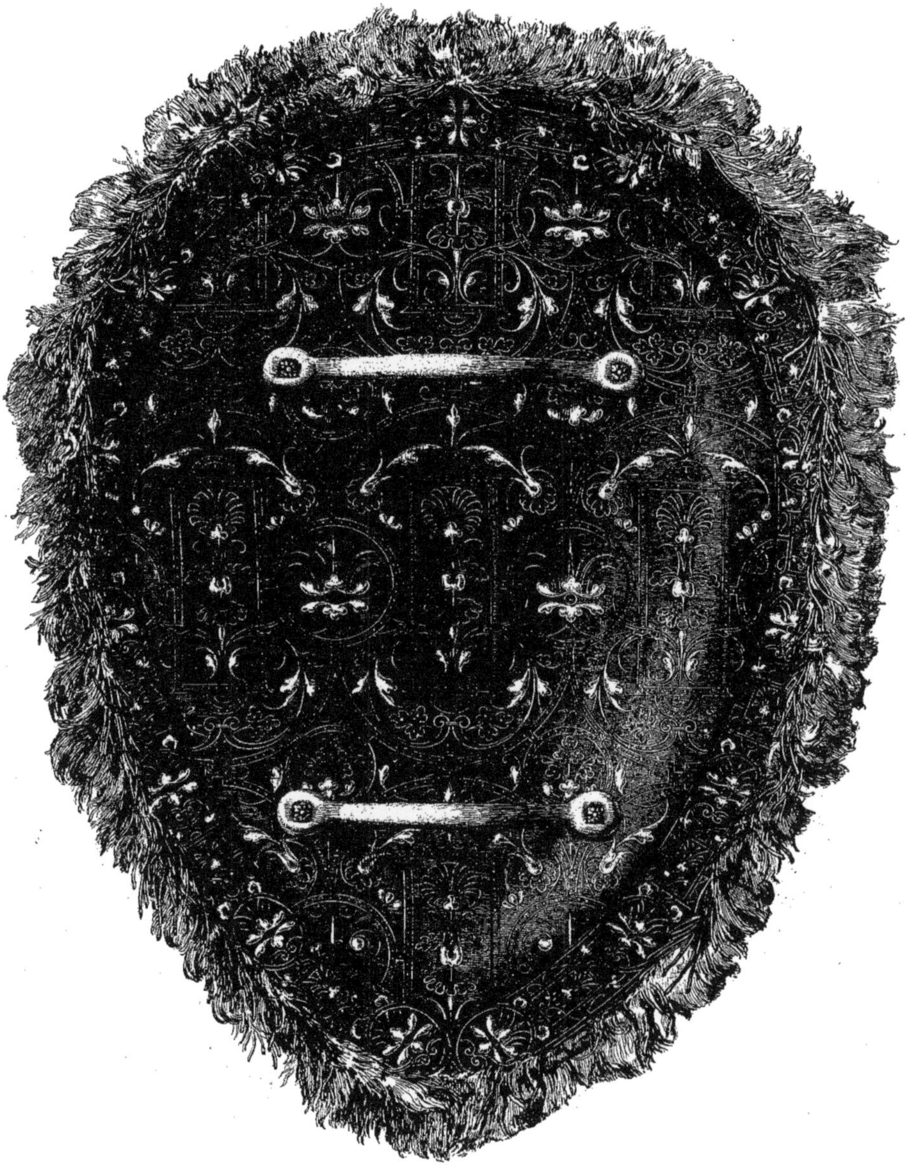

# INDEX

## POUR LE CLASSEMENT

————— ⊰⊱ —————

### *ARMES — ARMURES — OBJETS D'ÉQUIPEMENT*

# INDEX

# INDEX

## *ORFÉVRERIE*



## *RELIURE*



## *DIVERS*



*TEXTE IMPRIMÉ PAR J. CLAYE*

*EAUX-FORTES TIRÉES PAR AUGUSTE DELATRE*

*PAPIER DE ACHILLE DUPONT*

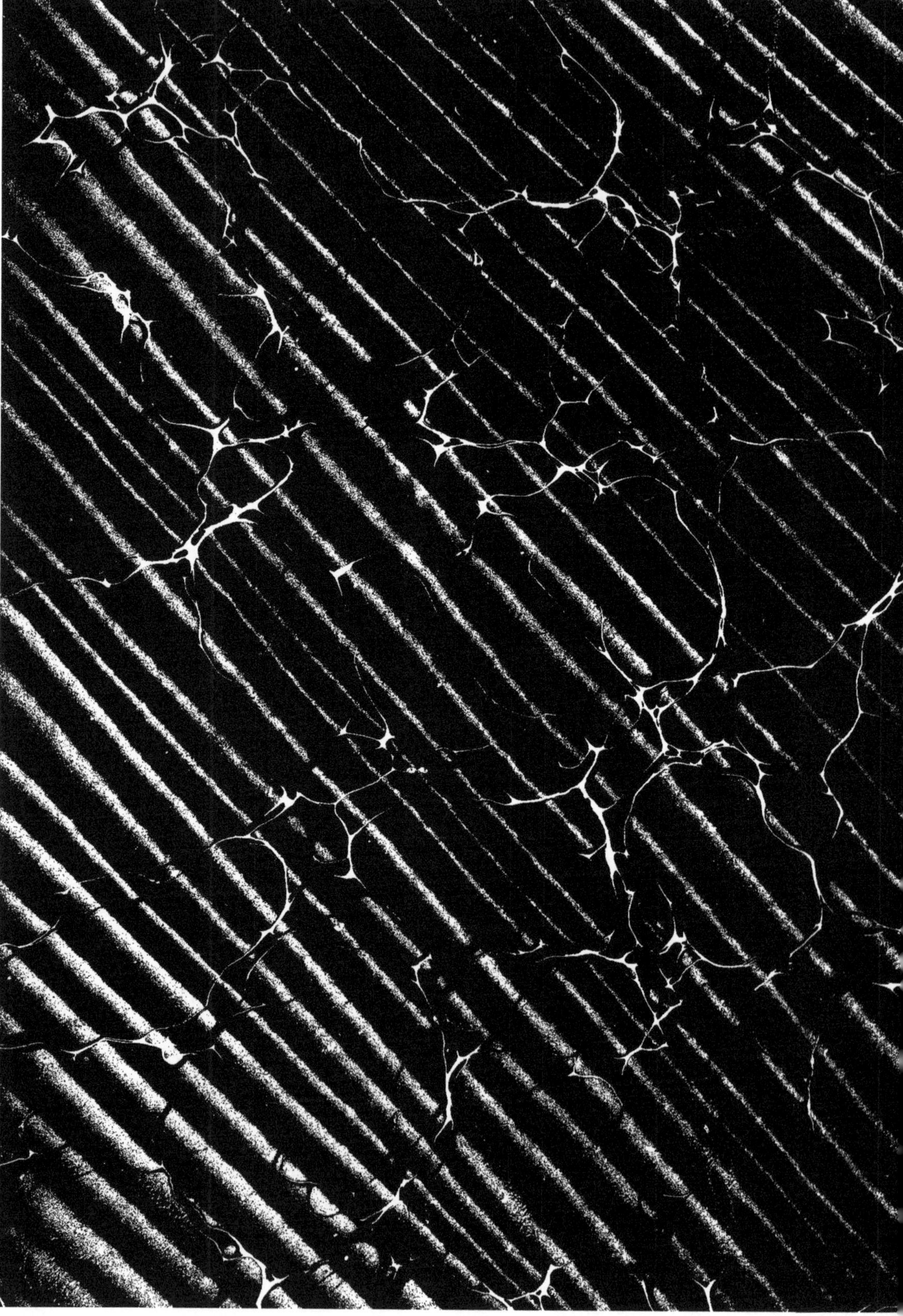

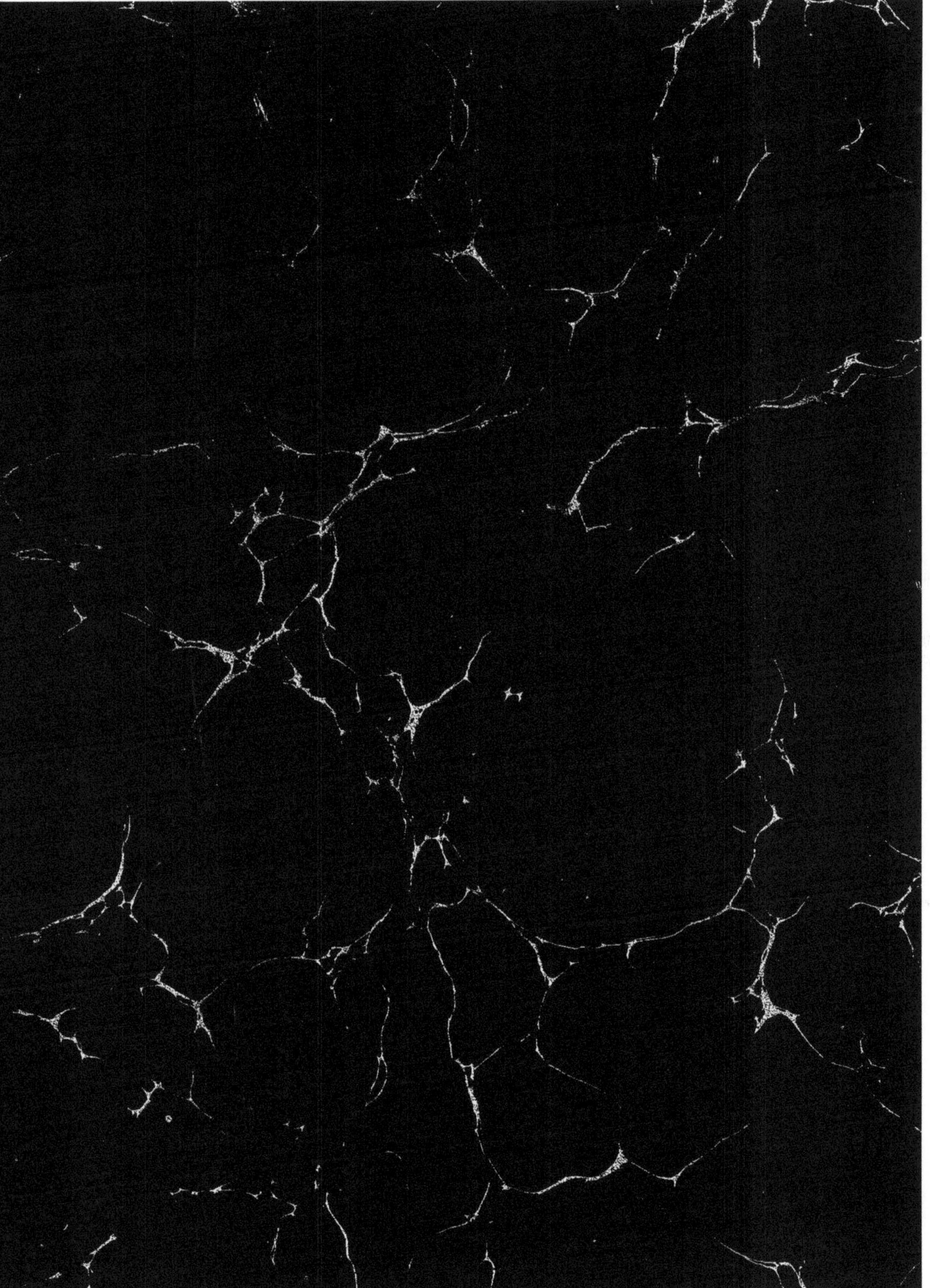

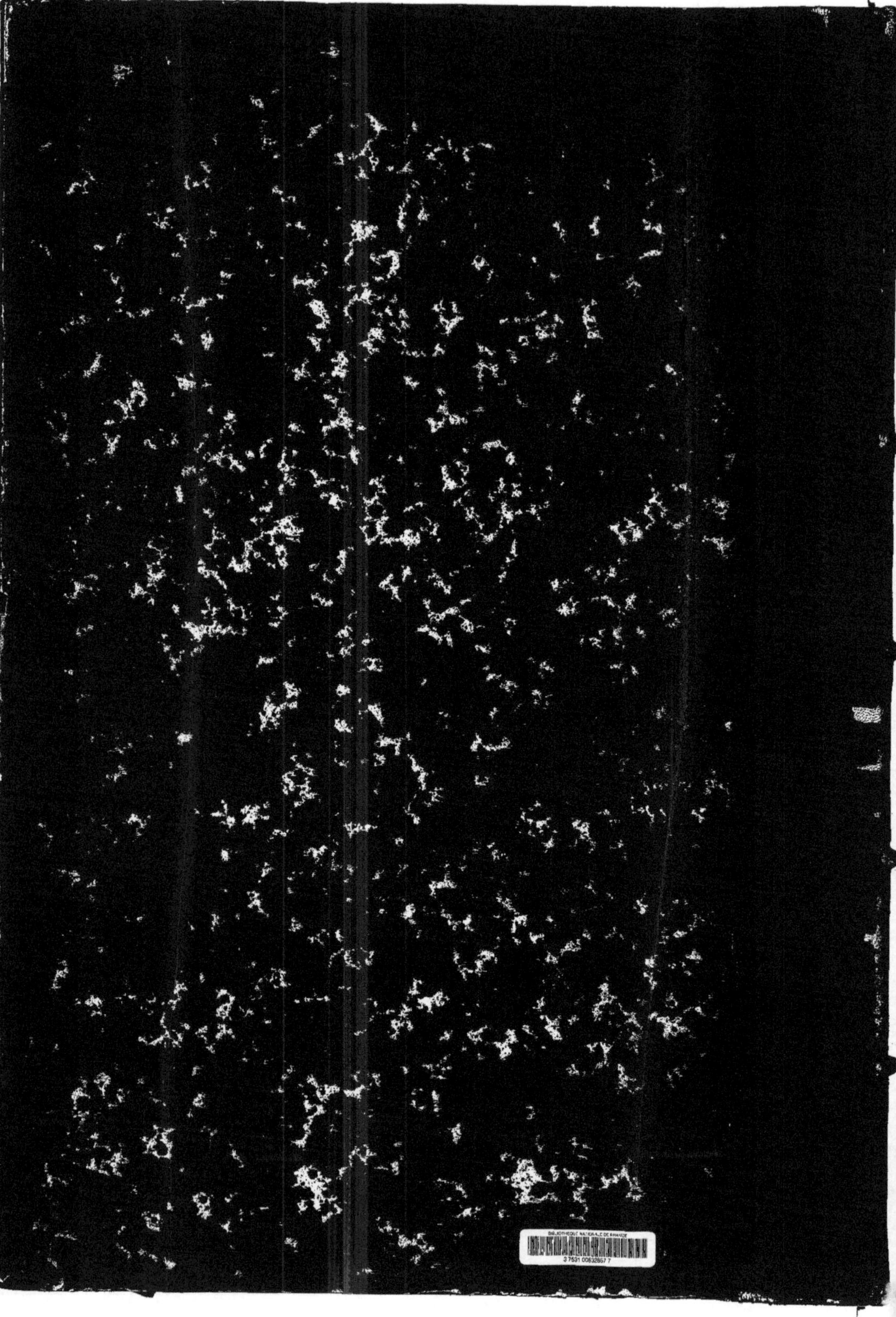